典型在夙昔

——追懷中央研究院六位
已故院長（下）

陶英惠　著

目錄

王世杰傳（一八九一～一九八一）

一、家世

王世杰（1891～1981），初名燮廷，字雪艇，清光緒十七年辛卯二月初一（1891年3月10日）生於湖北省崇陽縣白霓橋回頭嶺。其遠祖約在明清之際自江西遷湖南，再自湖南瀏陽遷湖北蒲圻，嗣復分一支再遷湖北崇陽，定居縣城東南鄉白霓橋附近。初代以農商為業。至王晉亭有子五人，其中二人登科第，三人從商。行三者名為榦，字步瀛，即世杰的父親，於兄弟析產後主持家政，兼事商業，因樂善好施，為鄉里所敬服。原配甘氏，為鄰村望族，育長子壽祥後即早逝；繼配仍出自甘族，生七子二女，世杰在兄弟輩行五。父親於1912年偶染時疾，為庸醫所誤，未滿六十而謝世。母親於1920年以肺疾病逝，年66歲。

1922年8月12日，世杰與音樂名家蕭友梅之妹德華女士在北京結婚，育有二男二女，

長女雪華1923年7月10日生，次女秋華1925年8月8日生，長男紀五（德勤）1927年5月1日生，次男次五（德勘）1929年4月24日生。

二、求學經過

世杰於四、五歲時，入父親為族人所建家塾中讀書，好學深思，不樂嬉戲，於諸生中年齡最幼，而每試輒冠其儕，特受塾師周昌甲（子西）器重，許為奇才。九歲開始讀時務文字。光緒二十九年（1903），赴武昌省城應童子試，未畢，適鄂督張之洞提倡新學，在省城內創辦現代式之高等小學堂五所，分東、西、南、北、中五路，每路各設一所，招民間十一至十四歲之秀良子弟，能背誦經書一兩部、文理粗通者入學，四書未讀畢者不收，四年畢業。世杰遂棄童子試，往應小學試，考入南路高等小學（以舊日工藝學堂充用）。於光緒三十三年（1907）畢業後，考入湖北省優級師範理化專科學校（係就舊有

王世杰院長
（任期：1962年5月～1970年4月）

兩湖書院改辦者），十一月開學，分在理化選科西堂，所開課程有：倫理、中國文學、教育、心理、論理、圖畫、物理、化學、數學、物理實驗、化學實驗、地理、日文、體操等，於宣統二年（1910）11月畢業，其總平均成績為84.91分，在全堂五十四人中為第四名。當年考入天津北洋大學採礦冶金科。未滿一年，革命軍首義武昌，世杰聞訊立即輟學，兼程南歸，於宣統三年（1911）辛亥舊曆十月初七入武昌危城。初則任鄂省都督府秘書，嗣因圍城益危，參與守城工作，繼由都督府派為代表赴湘請師，湖南都督譚延闓即派在湘之桂軍趙恒惕一旅，與世杰同乘招商局輪返鄂，馳援武昌，城危得解。

其後和議告成，民國創建，同盟會改組為國民黨，世杰與石瑛（蘅青）受命組設國民黨湖北支部，任組長。因見鄂方政要受袁世凱勾結，乃脫離鄂政府，邀集同志多人，在武昌創辦經濟雜誌社，出版經濟雜誌，一以傳播學說，亦以掩護同志，策劃二次革命。1913年夏，鄂當道搜檢雜誌社及世杰寓所，幾遭不測。

比及二次革命失敗，世杰乃以一年前稽勛局指派赴國外留學之資格，於1913年秋赴英國，考入倫敦政治經濟學院，於1917年獲得法學士學位。同年秋，轉赴法國，入巴黎大學研究公法，於1920年春得法學博士學位。

巴黎和會時，國人羣起反對簽字於損我主權之和約，世杰時在巴黎，被旅歐同學會選為代表，往見我國出席和會代表，陳述不可簽約之主張，終得阻其簽約。1920年，又代表留歐同學會先後赴比利時及義大利，出席國際聯盟同志會。

三、任教北大

　　1920年冬，世杰應北京大學校長蔡元培（孑民）電邀歸國，先返鄉葬祭母親，於1921年1月14日被聘為北京大學教授，講授行政法及比較憲法等課，深為學生所歡迎。所撰《比較憲法》講義，嗣經商務印書館印行，為全國各著名大學廣泛採用者數十年。

　　世杰在北大旋兼法律系主任，與留學歐美歸國之同仁如：胡適（適之）、石瑛、周覽（鯁生）、李四光（仲揆）、陳源（通伯、西瀅）等，合力佐蔡元培革新校政，頗為守舊及左傾分子側目。世杰等主張不請假、不兼課、不索薪，時北洋政府財政困難，大學教授之薪俸每月實發不及三成，多數教授以兼課、兼薪而請假、曠課，反譏清高者為偽君子。世杰等不為所動。

　　1921年8月11日，美國總統哈定邀請中、日、英、法、義等五國參加在華盛頓舉行之「太平洋會議」，討論縮減軍備以及太平洋與遠東問題；8月16日，北京國立八校教職員聯合會蔡元培、蔣夢麟、王世杰等發起組織「國立八校太平洋會議研究會」，世杰與燕樹棠等任組織大綱起草委員。

　　1924年2月21日，鄒魯就任國立廣東大學籌辦主任，該校係由國立高等師範、廣東公立法科大學及農科專門學校合併改組而成。特約請王世杰、王星拱（撫五）、石瑛、周覽、皮宗石（皓白）等三十五人為籌備委員。在籌備會議之下，設立各種特科委員會，研究各該科之內容組織、課程釐訂、設備計畫、圖書館之整理擴充、經費之籌備等。世杰為法科委員會委員之一，如約前往，襄助草訂一切規章。自

3月3日開第一次籌備會，至7月11日共舉行29次。1926年7月，該校改稱為國立中山大學。

　　1924年12月，世杰因憤北洋軍閥政府之禍國殃民，且社會風氣、學術思想，亦均待大力革新，乃結合教育界志同道合之陳源、周鯁等，創立「現代評論」社，出版周刊，傳播學術，抨擊時政，所撰明快鋒利之時評，和鼓吹民主科學思想之論著，為當時士林所推重。

四、初入仕途

　　1927年4月18日，國民政府奠都南京，凡百制度，有待興革。5月7日，設立中央法制委員會，6月8日，世杰被任命為法制委員會委員，17日任法制局局長。邀集專家，草擬及修訂各種公私法規。國府在南京創設初期所頒條例規章，大多出其手撰。法制局於1928年10月31日結束。

　　1927年11月4日，國民政府因湘、鄂兩省在戰爭期間，決議設立「湘鄂臨時政務委員會」，處理兩省民政、外交、財政、交通等事務，以程潛（兼主席）、李仲公、王世杰、甘介侯、張肇元為委員。12月19日，復明令改組湖北省政府，以張知本為省主席，世杰為省政府委員兼教育廳長。1928年2月1日，改由劉樹杞繼任湖北省政府委員兼教育廳長。10月2日，國民政府委員會議任命世杰任海牙公斷院公斷員。

　　1928年11月7日，世杰被任命為國民政府立法院首屆立法委員，12月5日，院長胡漢民及全體委員宣誓就職，立法院正式成立，8日在

南京舊侯府舉行開會式，世杰分任法制委員會委員。立法委員任期二年，首屆立委至1930年12月任期屆滿。

五、武大校長

世杰積多年構想，思有以提高華中地區之教育水準而未獲適當機會，1928年夏，商請大學院院長蔡元培，將原設武昌之武昌大學擴大規模，更名為國立武漢大學，聘劉樹杞、王星拱、李四光、周覽等為籌備委員會委員。1929年3月5日，任世杰為武漢大學校長。未到任前，由理工學院院長王星拱代理，5月，履任。世杰以原有之武昌東廠口校址狹隘陳舊，又限於地勢，不易擴充，乃率屬親赴鄉村勘尋，於武昌城外荒郊發現珞珈山，毗連東湖，湖廣且深，清澈照人，具有山水之勝，即報請當局核定為新校址。其間籌措經費，購地遷墳，備歷阻撓與周折。10月，開始興工，修路植樹，歷時三年，完成初步建設，如文、法、理、工、農各學院教室、實驗室、學生及教員宿舍、圖書館、體育館、合作社等。並從國內外敦聘各科教授專家到校任教。其規模之宏濶，設備之完善，師資之優良，校風之純樸，環境之優美，在當時全國公私立大學中，罕見其匹。該校其後作育多士，才俊輩出，世杰創業之功獨多。

1932年1月23日，國民政府任命世杰為國難會議會員；3月22日，行政院議決改組湖北省政府，以夏斗寅代何成濬為省主席，世杰為省府委員兼教育廳長，旋改派黃建中任教育廳長，世杰仍任武漢大學校長，於1933年5月1日離職。

六、教育部長

1933年4月21日，特任王世杰繼朱家驊為教育部部長，（1932年10月26日，中央政治會議決議調教育部長朱家驊為交通部長，以翁文灝為教育部長，翁未就，仍由朱署理。）5月8日到部接事。時在九一八事變後未久，各校師生在愛國運動之餘，猶多未能安心教學或讀書，學潮時起。世杰就任後，即多方整頓，秩序旋復。其在任內四年八個月之重要措施為：(一)促進職業教育之發展；(二)謀中央及地方教育經費之獨立，使國立各校不再欠薪，以安定教員生活；(三)停辦水準過低之學校，嚴加考核、整頓，他在1933年8月24日日記云：「在過去兩月間，予在教育部之工作，以取締不良學校為首要；公私立專科以上之學校，經部令停止招生或立即結束者達十餘校。」(四)加強推行國語注音符號，促進國語統一運動；(五)提倡科學、醫藥、藝術及體育等專門教育，以期各方平衡發展；(六)早在七七事變以前，即密令各有名大學預作遷往後方準備，故各校日後內遷，得以減少損失，並迅速復課；(七)督導故宮博物院將珍貴古物先由北平運南京，以至日後遷湘、遷川，由於籌備既早且密，古物均得保全無損。

1937年7月，抗日戰爭發生，政府不久西遷重慶。1938年1月1日，行政院改組，世杰解除教育部長職務，於1月7日離部，四年多來，黨中元宿，有欲假學校以扶植個人政治勢力者，有提倡復古以攻擊當時教育者，世杰為遏止這兩種傾向，耗費不少精力。

七、抗戰時期之重要職務

世杰自1933年出任教育部長起，是其一生事業步入高峰的轉捩點。蔣委員長中正於1935年12月繼汪兆銘（精衛）兼任行政院院長後，該院許多重大問題，大都不決於正式院會，而決於每星期五下午在蔣院長處之談話會，參加者為行政院同事。1937年8月11日，中央政治委員會決定設置國防最高會議，以中央常委、五院正副院長、行政院各部部長、中央黨部各部部長、中央政治委員會暨行政院秘書長、訓練總監部總監、軍事參議院院長、全國經濟委員會常委等為委員，以軍委會委員長為主席，中央政治委員會主席（汪兆銘）為副主席。同時決定於戰時置大元帥，代表國府主席行使統帥海陸空軍之權。並於翌日中央常會秘密會議中決定推蔣院長中正為大元帥，即授權於戰時主持一切黨政之人。國防最高會議為全國國防最高決策機關，對中央政治委員會負其責任。世杰以教育部長身分為該會議成員之一，1938年元旦解除教育部長職務後，於1月11日即接國防最高會議通知，被推為中央政治委員會外交專門委員會主任委員。實際上自1937年8月滬戰發生後，中央政治委員會即未嘗開會，而以國防最高會議為實際最高軍政機關，所以世杰之被推為外交專門委員會主委，顯然是使其有資格繼續參加國防最高會議。及至2月23日，國防最高會議在武昌舉行第七次全體會議，經主席提議加推世杰為委員，乃正式取得參加該會議的資格。嗣因汪兆銘於1938年年底自重慶出走，國民黨五中全會於1939年1月28日決議將中央政治會議與國防最高會議合併，設置國防最高委員會，統一黨政軍指揮，推蔣總裁中正為委員

長，實則該會之構成與職權，與原來之國防最高會議，初無甚大之差別，世杰仍為該會成員之一（法制委員）。他置身於當時最高決策的核心，以淵博的法學素養和對外交方面卓越的見解，翊贊中樞，運籌帷幄，參與密勿，深為最高當局所倚重。在抗戰期間，他曾「一身同時肩黨（中宣部、青年團監事會、中訓團）、政（參政會、中央設計局）、軍（參事室）六機構之首長或幕僚長重任，在堅辭不獲之後，則臨危受命。」茲分別敘述如下：

（一）軍委會政治部指導委員

1938年1月，蔣委員長鑒於抗戰時期政治工作之重要，特命陳誠籌設政治部，並命將原軍事委員會之政訓處、大本營第六部，及訓練總監部國民軍訓處，合併擴編為軍事委員會政治部。3月，政治部成立，陳誠任部長，聘王世杰、陳立夫、甘乃光等為指導委員，提供興革意見，並備諮詢。1940年9月，陳誠辭職，部內組織再度檢討修編，撤銷指導委員會。

（二）軍委會參事室主任

1938年4月21日，蔣委員長派世杰為軍事委員會參事室主任，其任務為政治問題之設計及審議，於5月6日就職。自6月1日起，該室分為政治、外交、財政經濟、文化四組，約請外交及政經著名學者若干人共同工作，每周由蔣委員長約全室專家餐敍一次，諮商外交及經濟政策，並隨時由該室簽陳外交意見，世杰始終堅主聯絡英、美兩國，加入民主陣營，對日抗戰到底，不為任何和談或聯德、聯俄之浮説所動，卒獲最高當局採納。故在抗戰期間，英、美兩國一再宣布支持國

民政府，並不斷給予實際援助，尤以美國的支援最大，不能不說是外交方向的正確，外交政策的成功。

1946年5月31日，明令於行政院設立國防部，裁撤軍事委員會及其所屬各部會與軍政部。

（三）三青團幹事、中央監察會書記長

1938年3月底，國民黨臨時全國代表大會決議設立三民主義青年團，以謀抗戰建國之成功與三民主義之實現。6月16日，公布團章，蔣團長中正派籌備時期中央臨時幹事會第一屆幹事三十一人，世杰膺選為幹事，並以陳誠為幹事會書記長，組織中央臨時幹事會，於7月9日在武昌正式成立。1939年7月17日，改中央臨時幹事會為中央幹事會，並增設中央監察會，蔣團長兩度堅囑世杰勉任幹事會書記長，均以「自覺對於青年訓練工作，無領導能力，仍未應允」。9月1日，中央幹事會與中央監察會宣告成立，仍以陳誠為幹事會書記長；並由團長選派世杰等三十五人為中央監察會監察，以世杰、朱家驊、邵力子、陳布雷、羅家倫等五人為常務監察，世杰為書記長。

監察會之職權為：1.監察團務進行，2.檢舉並審議幹部及團員違紀事件，3.稽核全團預算及經費收支等。1941年6月26日，世杰主持第六次常務監察會，認為：「近一年來，團員增多，然素質不佳，團譽無起色，用費尤浩大。」10月29日，主持第七次常務監察會，仍以「徒然濫增團員，團員之質素既不佳，訓練亦不得法」為慮。11月，籌備期第一屆監察會任期屆滿，仍以世杰續任書記長。1943年3月29日，青年團召開第一次全國代表大會於重慶，選舉世杰等49人為監

察，並經蔣團長選派世杰為書記長。（一屆中監會）直到1947年9月，國民黨六屆四中全會，決議將青年團併入國民黨。

（四）中央黨政訓練班總教官、教育委員會主委

1938年7月珞珈山軍官訓練團改隸於中央訓練委員會，並改稱中國國民黨中央執行委員會訓練委員會訓練團，簡稱為中央訓練團，由蔣總裁中正任團長。在抗戰期間，該團以黨政訓練班為中心，調訓全國各界之中上級幹部，早期以黨政軍教幹部為主，後以財政、金融、經濟、建設幹部為多。

1939年3月1日，中央黨政訓練班第一期在重慶南溫泉開學，世杰任教官；自4月17日第二期起，訓練地址改在重慶城外浮圖關（旋改為復興關），世杰則改任總教官、教育委員會主任委員，至1940年11月第十期時方辭去主任委員，仍負有總教官名義，直到1944年5月28日第三十一期畢業，方告結束。歷時五年餘，共三十一期，受訓學員計有22,970人。時值抗戰期中，各地學員到渝受訓，旅途往返，耗時甚多，所費亦不貲，誠為當時一件大事。世杰於1939年5月15日日記云：「近四星期來，蔣先生（中正）之時間，至少一半用於此項訓練，其不殫勞苦之狀，令人感動。」

（五）兩任宣傳部長

1939年11月20日，國民黨五屆六中全會通過任命世杰為中央宣傳部部長。世杰以該部事甚繁雜，且已身數事，不能專注，頗以為苦，在力辭不獲下，於12月1日接事。深知欲提高宣傳工作之效能，當先提高宣傳機關之信用，因以言語誠實、情緒熱烈、度量寬宏、計畫綿

密四事勗勉部中同仁。1942年12月7日，中央常會通過准世杰辭宣傳部長，以張道藩繼任。

1944年11月20日，中央常會開臨時常會，國防最高委員會開例會，決定復任世杰為宣傳部長。其對此職雖不感興趣，惟不願阻抑當軸革新之動向，遂允暫任其事，於12月1日就職。其宣傳政策之重點約有三項：1.因新聞界迭以檢查制度不合理，請求改善，乃力主檢查制度逐漸放寬；2.關於中共問題，力求相互攻擊之停止，造成較為寧靜空氣，以利政治解決；3.造成普遍的真正的中蘇親善輿論。1945年8月，因接任外交部長，乃堅持辭宣傳部長，由吳國楨繼任，於9月1日交接。

（六）中央設計局秘書長

1940年7月6日，國民黨五屆七中全會決議設置中央設計局，10月4日正式成立，為行政三聯制之權輿，由蔣委員長中正兼任總裁。1941年1月13日，任命世杰為該局秘書長。世杰以兼職過多，不能專心致志於其事，極不願就任，遲至五月二日方接事。任內擬編年度施政方針案，作為各機關編製下年度預算及工作計畫之範圍，並擬訂復員時期計畫，包括：法幣整理計畫、吸收外資計畫、國營民營範圍劃分計畫、銀行制度改革計畫、退伍士兵屯墾計畫、水利復員計畫等，備極辛勞。嗣因率團赴英訪問，呈辭秘書長職，1943年8月7日，經國防最高委員會批准，由熊式輝繼任，於8月20日交卸。

（七）參政會秘書長、主席團主席

1938年，政府為集思廣益、團結各黨各派，並集中全民意志與力量對日抗戰，乃組織國民參政會。第一屆第一次大會於是年7月6日在

漢口召開，參政員均由國民黨以遴選方式選任；自第二屆起，則遴選與民選並行。直至1948年3月28日，第一屆國民大會在南京開幕之前夕，國民參政會乃告結束。

自1938年2月起，世杰即與汪兆銘等就此民意機關之設置方法與職權範圍等，詳加討論，並負責撰擬國民參政會組織條例草案，旋於4月7日提交國民黨五屆四中全會通過。6月22日世杰奉派為該會秘書長。至1941年3月第二屆第一次大會時，改議長、副議長制為主席團制，世杰於1943年9月第三屆第二次大會時，當選為七人主席團之一，即辭去秘書長職務，於10月1日由邵力子接任。此後僅以參與主席團之一員從旁協助會務。第四屆參政會仍連選連任主席團，直至該會結束為止。

國民參政會，在形式上雖非中央民意機構，實質上則具有相當中央民意機構的功能，乃至有戰時國會之稱譽。從1937年7月之廬山談話會、9月之國防參議會，擴大而為國民參政會，若干黨外人士，都經由此一過程而參與全民抗戰的行列，並為中國民主政治帶來一線曙光。其間世杰全力協調黨派關係，促進朝野團結，達成舉國一致抗日之效果，厥功至偉。

1943年9月25日，國民政府主席蔣中正出席國民參政會第三屆第二次大會報告內政及外交方針，對於憲政之實施，謂當設置一憲政實施籌備會，以推動一切憲政籌備工作，由參政員為主體組成之，並約會外人士參加。經大會通過接受。由世杰擬具憲政實施籌備會組織條例，並與張君勱、褚輔成、左舜生、黃炎培、李璜、邵力子等商酌組織與人選名單，送蔣主席核定後，提至國防部最高委員會討論，決定

設憲政實施協進會於國防最高委員會內，由蔣主席兼任會長，除參政會主席團主席為當然會員外，就國民黨中央委員、參政員及其他富有政治學識經驗或對憲政有特殊研究之人士，指定35至49人任委員，並以世杰、孫科、黃炎培為召集人。其主要任務為發動全國人民研究中華民國憲法草案，以利憲政實施。11月12日，憲政實施協進會成立，對研究憲法草案，考察民意機關之設置及人民權利義務辦理情形，曾提出很多改進意見。

　　國民參政會對於召開國民大會、制定現行憲法、結束二十年的訓政，有積極推動之功，並奠定了憲政的基礎。

（八）參與國共商談及政治協商會議

　　抗戰開始後，國共兩黨重新合作，嗣因中共違令擴充兵額、成立陝甘寧邊區政府等，雙方的摩擦糾紛即在各地不斷發生；自1939年起，若干地區甚至有武裝衝突，蔣委員長於6月10日召中共之周恩來、葉劍英予以規誡。1940年7月16日及1943年3月28日，參謀總長何應欽兩度分與周恩來、葉劍英，林彪商談，期能消弭各地衝突，未獲具體結果。世杰認為雖明知中共問題不易以協商方式來求得解決，但必須盡力向此方向去做，以爭取第三者之同情。

　　1944年5月2日，世杰與張治中奉派為政府代表赴西安，與中共代表林祖涵舉行第三次會談，磋商解決僵局方案。林祖涵之意見，由雷震紀錄，並經林改定。世杰於17日返渝。22日，林祖涵將奉延安命令提出之十七條款面交世杰，其本人在西安所表示之意見則完全撤廢。世杰與張治中遂擬一政治解決方案，呈蔣委員長核定後，於6月5日交

林祖涵，林則改提「關於解決目前若干急切問題的意見」十二條（即5月22日之修正案），將歷次商談內容，幾全推翻。這次商談，初在西安，後移重慶，歷時四閱月，雙方代表於9月15日向國民參政會分別報告商談經過。因中共的要求一次一次的改變，其所提條件一次比一次苛刻，當然得不到任何結果。

1944年9月6日，美國總統羅斯福之私人代表赫爾利（Patrick J. Hurley），取道莫斯科抵渝（12月15日改任駐華大使），王世杰、何應欽、張治中與談中共問題之解決辦法，赫爾利願參加斡旋，以促進中國之統一，共同商擬「協議之基本條件」五條，由赫爾利於11月7日偕林祖涵攜往延安磋商，其內容包括：軍令統一、中共軍隊與國軍待遇平等、彼此均擁護三民主義並力促民治之實現，及承認中共之合法地位等。十日，赫爾利偕周恩來返渝，帶回毛澤東簽字之協定草案，內容為：承認各「抗日政黨」，改組軍委會為「聯合軍委會」，中共軍隊及中央軍隊一律接受此「聯合軍委會」之命令。世杰一再與之討論修改，另提修正案交周恩來返陝請示，旋答復無法接受。致此第四次商談，又無結果。

1945年1月24日，周恩來抵渝，與世杰、宋子文、張治中舉行多次商談，並邀赫爾利列席，周恩來提議須先召集「各黨派會議」，世杰修改為「政治諮商會議」，研討結束訓政、統一軍事，及容納國民黨以外之人於政府等問題，延安仍在拖延，不予接受。第五次商談於三月間停頓

8月28日，毛澤東偕周恩來抵渝，政府派世杰、張羣、張治中、邵力子為談判人，自29日起展開商談，世杰以中共問題可望成立協

議，乃於9月4日飛倫敦出席五國外長會議，至10月8日返渝，於10月10日與張治中、邵力子、周恩來、王若飛等簽字於「政府與中共代表商談紀要」（又稱「雙十會談紀要」）十二項。10月11日，毛澤東返延安，不到一個月，所有協議及其一切諾言，都被各地共軍的實際軍事行動徹底破壞無餘。世杰除繼續與周恩來、王若飛談政治協商會議名額與人選問題外，就是商討恢復鐵路交通及停止軍事衝突辦法。雙方一致認為對於避免內戰、和平建設，必須共同努力；同時美國派遣馬歇爾特使於1945年11月22日返渝，居間斡旋，遂依據「雙十會談紀要」，於1946年1月10日舉行「政治協商會議」於重慶國府大禮堂。共38人與會，舉行大會十次作廣泛討論，另分五組專題協商，計：1.政府組織組，2.施政綱領組，3.軍事問題組，4.國民大會組，5.憲法草案組。世杰為國民黨方面八位代表之一，且為政府組織組之召集人。大會於1月31日閉幕，雖決定五項協議，其後卻未能付諸實行。其中憲法草案組於2月7日成立憲法草案審議委員會，由政協五方面各推五人及延聘專家十人共同組成，以孫科為召集人，世杰為委員之一，先後開會十餘次，就政協所定之原則，作詳細修改。惟國共問題，不久即用武力解決，而不再經由商談解決了。

八、在國民黨內之職務

　　1935年11月12日，中國國民黨第五次全國代表大會在南京開幕，22日選舉中央執行委員及監察委員，世杰當選候補中央監察委員，此為其在黨內任職之始。1945年5月20日，在重慶當選第六屆監察委

員；1950年7月26日，在臺被蔣總裁中正遴派為中央改造委員會中央評議委員，自此時起，歷任第七屆（1952年10月19日選出）至十二屆（1981年4月3日選出）中央評議委員。

九、在外交方面的貢獻

世杰自1938年擔任軍事委員會參事室主任起，即以蔣委員長高級幕僚和外交顧問身分，負責外交政策的策劃；自1945年至1948年擔任外交部長，更是以外交政策的實際制訂者和執行人。他在外交方面所計劃、安排及推動的事，非常之多。僅選擇幾件關係重大者略述如下。

（一）中華民國訪英團的收穫

英國國會議員組團於1942年11月抵華訪問，對我朝野表示友誼與敬意。我政府為禮尚往來，遂以當時所謂戰時國會之國民參政會參政員為主體（王世杰、王雲五、胡霖、杭立武），及政府任命之立法委員（溫源寧）組成報聘團赴英訪問，目的在增進英人對華之了解，減少其疑忌，以期達成一種友好之空氣，為政府對英交涉暨今後中英合作增加便利。訪英團以世杰為團長，李惟果為秘書，於1943年11月18日自重慶出發，12月3日抵倫敦，備受其朝野熱烈招待，自英國國王、邱吉爾首相、政府首長、上下議院議員、教育機關、文化團體，以及民眾組織等各界人士，都表示誠摯的歡迎。訪英團也向英國朝野人士充分傳達了我國人民對英國人民的友誼與繼續合作的期望，並強調

我國抗戰必勝的決心和信心。1944年1月底,結束訪問活動,歸途分為二隊:王雲五、杭立武、溫源寧經中東返國;世杰則偕胡霖、李惟果於2月3日轉赴美國訪問,於3月27日返抵重慶。此行於中英文化合作、中英美蘇四國對於未來和平之責任、英國五千萬鎊借款,及美國新借款事,均有相當豐碩之收穫。

(二)中蘇友好同盟條約的簽訂

　　1945年2月4日至11日,美、英、蘇三國領袖羅斯福、邱吉爾、史達林會於克里米亞之雅爾達,除發表聯合聲明外,並簽署蘇聯參加對日作戰協定,即所謂雅爾達密約,其條件為保存外蒙古現狀,蘇聯恢復日俄戰爭所喪失權利(歸還南庫頁島,大連為自由港,旅順租於蘇聯,中東及南滿路中蘇共有,中國對滿洲應保持全部主權),千島羣島割歸蘇聯。上開關於外蒙古及東北諸事,由羅斯福徵求蔣主席之同意,並由蘇聯與中國訂立友好同盟條約。我國沒有代表參加該會議,其任何決定,在法律上對我政府毫無拘束力;但由於客觀環境的複雜與事實的演變,使我不得不忍痛接受該協定,並與蘇聯談判簽約。

　　前期之談判,係由宋子文以行政院長兼外交部長身分,自6月30日至7月12日在莫斯科與史達林直接面談六次,大致已商議就緒。宋子文趁史達林赴柏林參加美、英、蘇三巨頭會議時,於7月17日回到重慶,原擬就細節請示後,稍緩再赴莫斯科作最後商決;却因畏負責,於7月30日改以世杰為外交部長。8月5日,宋、王同赴莫斯科展開後期之談判,14日結束,由世杰以中華民國國民政府主席全權代表名義在條約上簽字。25日,國民政府予以批准。

當時中樞考慮蘇聯必將參戰，一旦佔有東北，必不會輕易交還，屆時要挾將更多；現有美國居間，史達林復聲稱支持美國對華政策，並承認蔣主席的領導，當不致反汗食言；如因此而換得國內真正的統一，東北主權完整，及中共問題、新疆問題一併解決，可不惜予以滿足。而外蒙實已脫離中國統治二十餘年，不能不承認其獨立；但戰爭結束後三個月內，蘇聯依約不能不自東北撤退。對於旅順及中東、南滿兩路，我雖有所讓步，但範圍有限，東北之主權可以收回。如此，或有確保戰果、爭取建國的機會。再者，並可藉此以孤立中共之勢力。不料，蘇聯故意一再違約，視條約為具文，終發生大陸淪陷的悲劇。

1949年10月3日，我外交部聲明對蘇聯斷絕邦交；1953年2月25日，蔣總統中正明令廢止「中蘇友好同盟條約及其附件」。此一備受國人詬病之條約，自批准至廢止歷時八年六個月。

（三）五國外長會議

1945年7月，在柏林波茨坦會議中，決議保證建立持久和平，設置中、美、英、蘇、法五國外長會議，商討起草對義大利、羅馬尼亞、保加利亞、匈牙利和芬蘭五國的和約，並經我政府贊同參加，其經常事務所設於倫敦，並在倫敦舉行首次會議。9月4日，世杰以外交部長身分偕董顯光、楊雲竹、薛光前、魏學智啟程前往與會，9日抵倫敦，11日開幕，至10月2日結束。會中討論對各國合約，英、美兩方與蘇聯意見對立，因而困難重重，無法獲得協議。於是美國提議召開和會，共商和約，又為蘇聯反對。世杰發表聲明，謂中國之立場在求五國之合作，威望問題並不為中國所重視。10月3日啟程返國，8日抵渝。

（四）參加巴黎和會

　　五國外長會議結束後，將起草和約的初步工作，授權外長代理人會議辦理。至1945年12月，英、美、蘇三國外長在莫斯科集會，協議由簽字於以前的敵國受降條款之國家起草和約，起草竣事，即由外長會議召開和會。由於我國未在對義大利受降條款上簽字，又未向法國那樣被追認為簽字國，故對這些和約起草工作沒有參加。

　　1946年7月4日，法、美、英、蘇四國外長會議，決定於7月29日在巴黎召集和會，討論四國所擬對義、匈、羅、保、芬五國之草約，並循蘇外長莫洛托夫之主張，決定僅由法、美、英、蘇四國為召集國，經世杰以外長身分一再抗議，指斥其違反去歲12月中、美、英、蘇、法之協定，中國或將在聯合國中拒絕接受和會所議決之任何條款，遂又決定五國外長輪流擔任巴黎和會主席。

　　7月21日，世杰偕吳南如、周書楷、郭長祿等自南京啟程，並電郭泰祺、錢泰（駐法大使）、傅秉常（駐蘇大使）、張謙、梁龍等赴法相助。臨行發表談話，謂歐洲各國領土之爭執，應以民族主義為解決最高之原則；聯合國對於戰敗之和約，不可含有苛刻或危險性之條款，否則戰敗國內反動勢力將隨和約之訂立而復活，其民主自由勢力將無法抬頭。7月27日抵巴黎，29日和會開幕，到21國代表，我代表團計有44人。30日，世杰以中國代表團首席代表身分在大會發表演說，其要點：1.聯合國須履行其戰時一切諾言與其共同宣告之原則；2.和約條款不可太苛，以免戰敗國反動勢力復活，民主勢力不能抬頭；3.對於五國和約草案中之政治、經濟及領土條款，應儘可能範圍修正，而義大利殖民地問題，尤應由大會議定基本處理原則，並力

稱義大利殖民地之一部分，必須令其獨立，或置於聯合國託治之下，於規定期限內完成其獨立之準備。頗得好評。旋因要公急待處理，乃於9月10日提前啟程返國，指定郭泰祺為中國代表團代理主席，繼續留巴黎開會。9月15日，世杰抵南京，告記者：中國認為一切和約之內容，軍事條款須嚴，政治及經濟條款宜寬，中國政策為「反報復主義」之政策。和會於10月15日結束。

（五）碧瑤會議與鎮海會談的參助

世杰於1948年12月22日解除外交部長職務後，仍以顧問身分參贊帷幄，隨宜獻替。時因戡亂軍事失利，蔣中正總統有感於國際、國內壓力集中一身，於1949年1月21日宣告引退，期能弭戰消兵。4月22日，世杰奉蔣中正總裁電召，到杭州參與改組政府重大決策會議，共軍已在江陰渡江，大局益不可收拾。

7月10日，蔣總裁偕世杰、吳國楨、黃少谷、張其昀、沈昌煥等，自臺北到菲律賓，與菲總統季里諾（Elpidio Quirino）在碧瑤舉行會議，並發表聯合聲明，號召遠東各國組織太平洋聯盟，以扼制共產主義之威脅。

南韓總統李承晚，贊成組織遠東反共聯盟，並邀中、菲兩國領袖訪韓。蔣總裁偕世杰、黃少谷、張其昀、沈昌煥等，於8月6日飛抵韓國鎮海，與李承晚商談遠東防共聯盟問題，8日發表聯合聲明。

1949年6月下旬，蔣總裁即決定在臺北草山（陽明山）設總裁辦公室，8月1日正式成立，以世杰為顧問、設計委員。1950年3月1日，蔣總統復行視事；7日，提名陳誠為行政院長，獲得立法院同意；20

日，特任世杰為總統府秘書長。陳、王二人詢謀僉同，協衷輔弼，獲得美國支援，軍事及政治形勢暫告安定。至1953年11月17日，世杰因與蔣總統一時言語和個性的衝突，奉令解除總統府秘書長職務。1958年7月14日，再被特任為行政院政務委員。

十、與中央研究院的深厚關係

1935年6月30日，中央研究院在南京舉行第一屆評議會選舉會，世杰以在社會科學方面有特殊之著作當選為聘任評議員。該院評議會係全國最高學術評議機關，其職務在集中國內人才，聯絡各學術研究機關，以謀國內外研究事業之合作。評議員之任期，初為五年，後改為三年，世杰自第一屆至1981年病逝時之第十屆，均當選為聘任評議員。

1962年5月15日王世杰就任院長時在蔡元培館前合影。前排右起第二人為黃季陸、第四人蔣夢麟、李濟、張群、王世杰、陳誠，第十一人王雲五。

中央研究院院士，係就全國學術界成績卓著人士選舉而產生，為終身名譽職。1948年3月24日至26日，中央研究院第二屆評議會舉行第五次會議，就上次會議通過之150位院士候選人，用無記名投票方式選出第一屆院士81人，世杰當選為人文組院士。

1962年2月24日，中央研究院院長胡適以心臟病突發謝世。第四屆評議會於3月31日舉行臨時會議，票選王世杰、朱家驊、吳大猷三人為該院第四任院長候補人，4月28日，經總統蔣中正特任世杰為院長，於5月15日就職，即辭去行政院政務委員職務。12月31日，兼任行政院國家長期發展科學委員會主任委員。至1968年，辭去兼職，專任研究院院長，迄1970年4月，以年邁辭職獲准，被聘為總統府資政。5月8日離開研究院，由錢思亮繼任院長，於6月4日交接。

世杰在中央研究院院長任內之重要措施為：(一)恢復物理研究所，增設經濟研究所及生物化學研究所籌備處。

1962年5月15日王世杰就任院長時在蔡元培館前合影。前排右起：李濟、張群、王世杰、陳誠。

(二)為延致旅居國外的院士及其他知名學人利用假期回國短期講學，並藉以提高國內大學科學師資起見，與臺大、清華兩校自1964年起合辦暑期科學研討會，每期研討八個星期，逐年舉辦，至1971年暫停。

(三)其尤為重要者，即促成中美科學方面廣泛的合作，並奠下良好基礎。茲說明如下。

1964年4月，中美科學合作委員會在臺首次會議，決定由中央研究院與美國國家科學院分別成立「中國委員會」及「美國委員會」，中國委員會委員15人，公推世杰為主任委員。在自然科學與應用科學方面之合作計畫逐漸展開後，世杰又推動中、美兩國在人文社會科學方面之合作，於1966年8月成立「中美人文社會科學合作委員會」的「中國委員會」，由李濟擔任主任委員。1978年底，世杰因健康關係

1964年9月1日，王世杰院長（前排右起第六人）主持中研院第六次院士會議，與出席院士在蔡元培館前合影。

辭去中美科學合作委員會主委，由李國鼎繼任，並併自然科學與人文社會科學兩委員會改稱「中美科學學術合作委員會」。

世杰主持中美科學合作之重要成績為：(一)由中央研究院與各公立大學合作成立數學、物理、化學、生物及工程科學五個研究中心，國科會以五個中心為基礎，逐步發展各種計畫，對我國高級基本科學人才之培育與研究水準之提高，貢獻甚大。(二)1968年8月，成立海洋研究所，羅致海洋地質、物理、化學及生物方面專家，為我國海洋研究展開新的一頁。(三)在人文社會科學合作中，以經濟方面的合作研究活動最為頻繁，於舉辦多次針對臺灣經濟發展之討論會後，更體認到經濟研究之重要，為培植經濟研究的高級人才，乃在臺大設置經濟研究所博士班，自1968年6月開始招生，培育了不少從事經濟研究的青年，成績卓著。(四)1972年3月12日，世杰所倡議之「美國研究中心」正式成立，以陳奇祿為主任，1974年7月，移轄於中央研究院，更名為「美國文化研究所」，以與院中其他人文社會科學各研究單位密切合作。凡此，皆促進中美文化學術交流，並有助於國內科學技術之提昇及人才之培育，收效宏遠。（該所為了加強我國與歐洲文化之研究，1991年8月3日，再更名為歐美研究所。）

十一、對故宮文物的維護與宣揚

依照故宮博物院理事會的組織條例，教育、內政兩部部長是當然理事，世杰自1933年5月出任教育部長後，即成為故宮的當然理事，此當然理事，常因離開部長職位而「當然」去職；世杰卻因其資望與

才幹，一直為國家所借重，繼續被敦聘為理事、常務理事、代理理事長，並曾兼任中央博物院理事長。1949年，故宮、中央兩博物院所藏之古物，搶救來臺，由教育部設一聯合管理處負責保管，世杰又於1950年6月被聘為兩博物院共同理事會第一屆理事，兩年一任，蟬聯至第七屆。1965年8月，共同理事會改組為故宮博物院管理委員會，世杰再被聘為委員，蟬聯至第七屆，直到1981年4月21日病逝為止。

1934年10月，世杰兼任倫敦中國藝術國際展覽會籌備委員及主任委員，在籌備期間，國人反對的聲浪頗盛，世杰認為這是國際宣傳的重要措施，竭力促成，於1935年11月28日至1936年3月7日在倫敦皇家藝術學院展出。因此，乃與古物結下不解之緣，並對歷代名畫、法書發生興趣，隨時留意蒐集及研究，漸漸培養出幾乎如癡如迷的酷嗜，進而成為鑑定專家。

世杰接任教育部長時，適北平故宮古物為避日禍南遷，主持在南京興建庫房；及全面抗戰，續由京、滬再遷川、黔兩省；勝利復員，又遷回南京；1949年再播遷來臺，儲於臺中之北溝，最後又遷至在臺北士林所修建之新館。在一再播遷及在南京、北溝、臺北興建庫房等方面，世杰都盡了不少心力，並促成1935年赴英、1961年赴美展覽，使中華文物發揚光大，廣受世人尊重。

1957年初，兩院理事會通過設立「特別出版小組」，策劃精印古畫，以饜藝林人士之需求，由世杰出任常務委員。第一件出版品，初定名為「故宮寶繪三百種」，後改定為「故宮名畫三百種」，內容為自唐迄清歷代名家畫蹟及帝后像三百幀，其選件、釐定體例，均由世杰親自主持，前後歷時三年之久，始告出版。其後特別出版小組又選

印名畫複製品十二種，為此後故宮出版品建立規格，開啟新境，影響
深遠。

　　世杰蒐集歷代名畫、法書之主旨，係謀為公眾保存名蹟，不願以
所蓄易米。1973年1月18日，以明末清初名家作品而為故宮博物院藏
品所稀缺者十件，寄存該院，並正式聲明五年後即贈送該院。

　　綜其一生，擔任與故宮有關的職務，自1933年5月至1981年4
月，長達48年，對歷代古物之維護、宣揚，均參與領導決策，盡了極
大的努力。

十二、重要著述

　　在著述方面，其早年之學術編著與書評等，多刊於《北京大學社
會科學季刊》，《武漢大學社會科學季刊》，及《東方雜誌》等；時
事述評，則多在他辦的《現代評論》中發表；又在教學及從政期間所
作學術及政治演講，以及公開談話記錄，則散見於各報章雜誌。至於
歷任中樞各要職時的許多策劃和建言，亦即足以顯現其勳業的文字，
卻未能結集印行。茲將其重要著述列舉如下：

(一) 「De la Répartition des Compétences dans les Constitutions
　　 fédérales」（意譯為：聯邦憲法權限之分配），此為1920年在巴黎
　　 大學所完成之法學博士論文，共174頁，係法文本，未經中譯行
　　 世。

(二) 《女子參政權之研究》，北京，新智識書社，1921年出版。

(三) 《比較憲法》，上海，商務印書局，1928年出版。

(四) 增訂《比較憲法》（與錢端升合著），重慶，商務印書局，1943年出版。

(五) 《憲法原理》，出版時地不詳。

(六) 《移民問題》（與張梁任合著），出版時地不詳。

(七) 《代議政治》（與昔塵合著），出版時地不詳。

(八) 《中國不平等條約之廢除》（與胡慶育合編），臺北，蔣總統對中國及世界之貢獻叢編編纂委員會印行，1967年10月30日出版。

(九) 《王世杰先生論著選集》，臺北，國立武漢大學旅臺校友會編印，1980年3月10日出版。共收錄：論著15篇，書評與書序11篇，史料與文物6篇，時事述評10篇，講演詞12篇，追懷故舊9篇。

(十) 《王世杰日記》（手稿本），臺北，中央研究院近代史研究所，1990年3月影印出版，共10冊（原日記分裝41冊），起自1933年五月，止於1979年9月18日，其中雖有間斷，惟在抗戰時期，也就是他在政府擔任重要職務時期的日記，則相當完整，保留下許多珍貴的紀錄。

此外，王世杰曾主編《故宮書畫錄》（與羅家倫合編）、《故宮名畫三百種》（1959年出版）、《故宮法書》、《藝苑遺珍》（香港，開發公司，（1967年至1970年出版）），共名畫五冊，法書二冊，甚受中外藝術界重視，由於篇幅太多，印刷昂貴，後遂絕版。1979年，又將他個人的收藏，續編為《藝珍堂書畫》，由日本二丸社印行，提供愛好美術人士欣賞。

十三、結語

其一生志業，涵蓋教育、學術、黨政、外交等方面，他以學人從政，位居顯要，深獲最高當局倚重，尤以抗戰期間，翊贊中樞，運籌帷幄，參與密勿，貢獻良多！惟仍始終保持著學人的端純風格，為人所敬重。晚年又回到學術工作崗位，主持中央研究院院務，推動國家科學的發展與研究，不遺餘力。直到1970年4月，以80高齡，恐不勝繁劇，影響院務之推動，乃毅然辭職讓賢，絕不戀棧。閒暇之餘，仍以讀書自娛，不失學人本色。

世杰的生活，向有規律，身體素健；自1979年初中美斷交，頗受刺激，其憂國憂民之情懷，時見諸日記，故體力漸衰，於1981年4月21日病逝臺北榮民總醫院，享年九十有一。於子女立墓碑之旁，並有國立武漢大學校友會之「雪艇王公墓表」勒銘貞石，以紀其對武大之貢獻，由蘇雪林撰文，高翰書丹，二人皆為前武大之名教授。世杰任武大校長，雖然為時僅短短四年，但始於對武大懷有很深的感情，當初艱苦建校的經歷以及武大人才輩出，是其一生中感到最自豪的事。他從政的歲月和貢獻，遠比置身於教育界要久、要大，其所念茲在茲於武大，說明在他的價值體系中，真正深切關懷的，仍是關繫人羣長遠福祉的基本大業：教育文化學術思想。

參考書目

一、崇陽縣回頭嶺王氏世系略表。

二、《王世杰日記》（手稿本），中央研究院近代史研究所編印，1990年3月初版。

三、〈王世杰先生行述〉，治喪委員會印。

四、王德芳，《七十回憶》初稿（打字稿本）。

五、《湖北文獻》，第55期（王世杰九秩華誕祝壽專號），1980年4月10日出版。

六、國立武漢大學旅臺校友會編印，《珞珈》，第63期（恭祝王校長雪艇先生九十雙壽專輯），1980年3月1日出版；第68期（王校長雪艇先生追思專輯），1981年7月10日出版；第102期（王故校長世杰百齡誕辰紀念特刊），1990年1月1日出版。

七、國民參政會史料編纂委員會編，《國民參政會史料》，臺北，國民參政會在臺歷屆參政員聯誼會，1962年11月12日出版。

八、莊焜明，《國民參政會——對日抗戰時期中央最高民意機關——之初步研究》，私立中國文化學院史學研究所碩士論文，1971年5月，打字本。

九、沈雲龍，《民國史事與人物論叢》，臺北，傳記文學出版社，1981年9月1日初版。

十、黃杰，〈本團訓練工作之回顧與展望〉，《中央訓練團團刊半月刊》，復刊第一期，頁6～10，1946年12月15日出版。

十一、三民主義青年團中央團部編印，《三民主義青年團團史資

料》，第一輯，上編，南京，1946年8月出版。

十二、于翔麟，關國煊合撰，〈民國人物小傳——王世杰〉，臺北，
《傳記文學》，第38卷，第6期，1981年6月1日出版。

十三、陳哲三，《鄒魯研究初集》，臺北，華世出版社，1980年2月
初版。

十四、〈湖北省優級師範理化及博物科畢業生名單〉，轉引自蘇雲
峰，《張之洞與湖北教育改革》（臺北，中央研究院近代史
研究所專刊之35，1976年5月初版），附錄（六），頁344～
350。

（原載：秦孝儀主編：《中華民國名人傳》，第8冊，
pp.2-34。台北，近代中國出版社，1988年6月30日出版
——實為1993年3月出版。）2007年5月5日修訂。

王世杰日記

1990年3月10日，為中央研究院王故院長世杰（雪艇）先生百歲誕辰，近代史研究所特將其日記於是日影印出版，作為紀念，以嘉惠史學研究，的確是一件非常有意義的事。

一、日記的數量及編印方式

王世杰日記，始自1933年5月，止於1979年9月，歷時47年，其中頗有間斷；惟在抗戰時期，也就是他在政府擔任重要職務期間的日記，則相當完整。茲將其存、缺的情形說明如下：

1. 1933年：僅記有5月24日、5月25日、6月3日、6月13日、8月24日等五天。
2. 1934年：全缺。
3. 1935年：僅記有1月12日、7月17日、8月9日等三天。他在1月12日追記的日記中云：「在過去一年中，筆記完全中斷；半由於惰，半由心緒苦悶。」

照此看來，1934年已確定無日記；既云「中斷」，證明1934年之前，似不應只有五天的日記；又照一般人開始寫日記時，總是先敘述一下緣起，王世杰現存的第一天日記，並沒有此類說明。

4. 1936年：全缺。

5. 1937年1月3日至1948年8月16日：這段期間，雖偶有補記或中斷情形，大體上是完整的。如1947年9月11日至10月19日之日記云：「此節係補記。在此期間，每日事務繁重，往往深夜尚不能休息，遂至日記停頓，然仍不能不歸咎於無恒。」補記至10月19日又告間斷，他在1948年元旦恢復日記時云：「近來日記頗有間斷，雖緣事冗，要亦由於勤恒不足。今日書此自譴。」不料自1948年2月14日至8月14日又告間斷，他在8月15日記云；「近來事雜，身體間有不適（如牙疼、胃不消化等等），日記遂有長期間斷。自1937年迄去年，十載之中幾全無間斷，（即有間斷，亦均於事後數日憑記憶補記完竣）頗引為慰。今後仍當自勉，期無間斷。惟不擬逐日作記，遇有必須付諸記錄之事，則詳記之。」並將過去三個月內他所作的事應予補記的五項記了下來，雖然自勉「期無間斷」，但僅在翌日（8月16日）又記了一天即告間斷。

6. 1948年8月17日至1959年8月28日：全缺。在這10年中，為何中斷，日記中未作說明。這段期間，大陸局勢逆轉，政府播遷來臺，是變動非常大的時期，王世杰當時未能記下他的觀察和分析，為歷史留下記錄，實在可惜。

7. 1959年8月29日至1960年11月9日：偶有間斷，大致完整。

8. 1960年11月10日至1962年5月30日：全缺。

9. 1962年5月31日至1979年9月18日：大致完整。這期間日記的情形，他在1962年5月31日恢復記日記時云：「日記中斷已一年有餘，現在擬隨時續記，但不一定按日作記。」又於1965年3月24日記云：「近來余作日記，既非逐日有記，且常常事後經若干日始予補記，實在不太認真，有愧古人多矣，書此以識心仄。」全部日記於1979年9月18日輟筆。

王世杰於生前曾數度整理其日記，並編定順序，分裝41冊，每冊或包含數年，或一年分訂數冊，以致各冊的大小厚薄不一。近史所完全照原日記影印出版，惟為使各冊厚度相當，乃以年為單位，改分為10冊，每冊中不再存有跨年的情形；又為求版面整齊，將原日記的字體或放大、或縮小，使每頁的版面同大；由於原日記除每年開始外，僅書月日，而無年份，查閱自感不便，故於每頁書邊加排書名、年份、及頁碼。日記中提及之人物，多照舊習慣稱其字號，近史所特編製人名字號對照表，附排於第10冊之末，以資查對。凡此，均為便利閱讀的作法。原日記均係行草，閱讀不無困難，如能加排釋文本，則將更加便利閱讀。

二、王世杰簡介及其日記之史料價值

在中國現代史上，王世杰是一位學人從政的典型，其一生志業，涵蓋了學術、政治、外交等方面，曾擔任過很多重要職務，並發生過

深遠的影響。要了解這部日記在中國近代史研究上的史料價值，首先應該將王世杰的生平與志業稍加介紹。

　　王世杰，字雪艇，湖北崇陽人，生於清光緒十七年二月初一日（1891年3月10日）。幼讀私塾，後入湖北優級師範，習理化；結業後入天津北洋大學採礦冶金科。1913年，由稽勳局資送英國留學，入倫敦大學政治經濟學院，獲政治經濟學士，轉赴法國，入巴黎大學1920年得法學博士。旋應北京大學之聘，講授比較憲法。1927年6月，任國民政府法制局局長；12月任湖北教育廳廳長；1929年3月，任武漢大學校長；1933年4月，任教育部部長，1938年1月，免教育部長；2月，被聘為政治部指導委員；5月，奉派為軍事委員會參事室主任；6月，任國民參政會秘書長。1939年10月，任中央訓練團黨政訓練班教育委員會主任委員；11月，任中國國民黨宣傳部部長。1941年1月，又任國防最高委員會中央設計局秘書長（蔣中正兼總裁）。1942年12月，宣傳部長由張道藩繼任。1943年8月，免中央設計局秘書長；9月，當選第三屆國民參政會主席團主席，免國民參政會秘書長；11月，任中國訪英團團長。1944年5月，偕張治中赴西安與共黨代表林祖涵（即林伯渠）舉行談判；11月，再任中央宣傳部部長。1945年1月，與周恩來等商談中共的合法化及參加政府問題；7月，繼宋子文為外交部部長；8月赴莫斯科，簽訂中蘇友好條約；返渝後，奉派同張羣、邵力子、張治中與毛澤東、周恩來、王若飛在重慶會談。1946年1月，參加政治協商會議；7月，任出席巴黎和會代表團團長。1947年冬，當選第一屆國民大會代表。1948年3月，當選中央研究院第一屆院士；4月，任第一屆國民大會主席團主席；9月，任出席聯合會

第三次大會首席代表；12月，免外交部長。1950年3月，任總統府秘書長，1953年11月，免總統府秘書長。1962年4月，任中央研究院院長，至1970年4月辭職，改任總統府資政。1981年4月21日，病逝臺北榮民總醫院，年91歲。

由上述簡歷，可知王世杰自1933年出任教育部長起，是其一生事業步入高峯的轉捩點，而他的日記也從這一年開始動筆；雖然1933至1936年4年的日記，只有十餘頁，畢竟是一個重要的起步。自1937年起的11年多期間，正是他擔任重要公職、對國家最有貢獻和影響的時期，其日記則相當完整，對所經辦的事或所見所聞，一一記錄下來。從他的日記中，很清楚的看出他已進入當時最高決策的核心。如1937年3月5日日記云：

今日午後四時赴蔣〔中正〕先生處開談話會，座中為行政院同事，新任外交部部長王亮疇〔寵惠〕亦到。蓋一年以來，政院許多大問題，大都不決於正式會議，而決於星期五下午之茶談。……

至於實際的最高軍政機關則為國防最高會議，王世杰也是參加的成員之一，1937年11月5日日記云：

自八月中戰事發生後，中央政治委員會未嘗開會，而以國防最高會議為實際最高軍政機關。但國防最高會議初雖每週集會一次，近亦已一月有餘未嘗集會，每週惟舉行其常務會議

一次或數次。常會之集會以汪先生精衛〔兆銘〕為主席，其議決大都係於事後送蔣〔中正〕先生核行，蓋蔣先生係經中央執行委員會授權於戰時主持一切黨政之人也。

今日也在鐵道部開國防最高會議第四次會議。……

至1938年2月23日，正式被推為國防最高會議之委員，日記云：

今晨國防最高會議，在武昌省政府舉行第七次全體會議。在會議時，予係以外交專門委員會主任委員被邀參加。……是日會議，經主席提議加推宋子文、朱家驊、蔣作賓及余為委員。

由於汪兆銘於1938年底自重慶出走，中國國民黨五中全會於1939年1月28日決議將中央政治會議與國防最高會議合併設置國防最高委員會，統一黨政軍指揮，推蔣中正總裁為委員長，張羣為秘書長。「實際上國防最高委員會之構成與職權，與原來國防最高會議，初無甚大之差別。」（1939年2月3日日記）王世杰仍為該會成員之一。他的侄子王德芳〈哭五叔雪艇公〉一文中記其在抗戰期間擔任的重要職務及貢獻云：

「重讀叔數十年之日記，當讀至抗日期間，叔一身同時肩黨（中宣部、青年團監事會、中訓團。）政（參政會、中央設計局。）軍（參事室）六機構之首長或幕僚長重任，在堅辭不獲之後，則臨危受命，為國忘身。旦夕從公，假日不息，每周召對多

至三、四次，知無不言，言無不盡。至於和戰大計，敵友分野（民主或軸心）在朝諸公議論未定之際，叔輒正色抗言，忠藎謀國，不避私怨，因明辨於審問慎思之後，發之以至大至剛之氣，率能折服異議，事後更欽遠見。」[註1]

王世杰的專長為法學，舉凡重要的組織法、條例等，多承蔣中正之命親自起草或修正。而有關內政、外交方面之重要政策，他也是蔣中正諮商的對象；至於採納與否，以及其後的發展，日記中都留有紀錄。他是隨時可以謁蔣商討解決重要問題的少數人之一。在兩人關係親密和被倚重的優越條件下，其日記所錄有關抗戰期間重大決策之經過及發展情形，史料價值之高，自不待煩言。茲略舉數例說明如下。

(1) 抗日戰爭初期，德國駐華大使陶德曼（Oskar P. Trautmann）受日本政府之託調停中日戰事，王世杰日記中留有許多紀錄；他並記下當時政府領導階層官員對和戰的不同態度，如孔祥熙、汪兆銘、居正等傾向和議，孫科則以為決不可言和。而汪兆銘、陳果夫甚至「主張設法倩英、德出任調停」（1938年10月31日記）。意見紛歧，自會影響抗戰的團結和士氣。這些珍貴的紀錄，對研究抗戰一段歷史有相當大的幫助。此外，王世杰更紀錄了一段周佛海所談中日和議之事：外交部亞洲司前任司長高宗武，辭司長職務後，即受政府密命駐香港，與日本方面在港之人往來，於1938年7月初經上海飛東京，居留約兩星期，曾與日本軍政界領袖商談和平條件。返港後，曾有書面報告呈送蔣中正閱過。「此一段經過，我方迄今固極守秘密，日人亦未宣洩一字，足見日人希圖媾和之切。」（詳見1938年9月28日記）殊有參考價值。

(2)再如胡適（適之）以學人被任命為駐美大使，四年之內，歷經不少波折，卒不免被排斥而去職，也是學者們有興趣探討的課題。王世杰日記中，留存了許多與胡適交往的珍貴史料，特別是胡適在任駐美大使期間，兩人的函電更為頻繁。我們不難從中窺見兩位從政的學人，公忠體國、有為有守的風範。他在1938年7月23日日記記胡適被任命的經過云：

> 「蔣〔中正〕先生決定撤換駐美大使王正廷，而以胡適之繼任。此事由來，係因王氏在美辦理借款，耗費鉅款，毫無成效，受各方之指責。日前傅斯年曾面向蔣先生指責之。周鯁生向蔣先生所提外交方略中，（由予送閱）亦力言關於對美外交，應調整使節。」

由於王正廷和孔祥熙的拖延，直至同年9月17日方發布胡適使美。此一學者大使在國內政壇上的奧援，似乎只有王世杰一人，非常孤單。就任不久，就遭到馮玉祥在1939年1月25日所舉行的中央執行委員會全體會議中公開的指責，並函請蔣中正撤回胡適。王世杰以其顯有挾嫌捏造之痕跡，立即挺身為之辯白：

> 「前晨余致一書面於蔣〔中正〕先生，力言胡適之近來態度極堅定，對於戰事力主苦撐後，蔣先生曾自行密查。現蔣於此事已極明瞭，並悉前此不實之報告，為六河溝煤礦公司經理李組紳所散；李為王正廷所用之人，故蔣先生聞悉後甚憤

恨。」（1月28日日記）

此外，白崇禧也對胡適不滿。1939年7月11日日記云：

「今晨晤陳辭脩〔誠〕，據云白健生〔崇禧〕對胡適之極不
滿，前此中央全會時攻擊胡適之最力者非馮煥章〔玉祥〕，而
實為白健生。余意民國二十五年〔1936〕夏，粵桂稱兵，與冬
間西安事變時，適之曾為文切責健生等。健生之反對，出自
此等嫌怨，則其為人未免狹刻可畏。」

同年7月22日日記，謂：「日前美國合眾通訊社電傳胡適之將因病去
職，政府擬以顏惠慶繼任等語。」外交部雖立即予以否認，但易人之
說，仍時有所聞。1940年3月5日，中央研究院院長蔡元培病逝香港，
評議會依法選出朱家驊、翁文灝、胡適等三人為院長候補人，又有將
胡適調回之意，王世杰於3月23日日記云：

「據張岳軍〔羣〕言，蔣〔中正〕先生因聞中研院評議會堅拒
顧孟餘，並擬選胡〔適〕、翁〔文灝〕、朱〔家驊〕等，有將適
之調回任院長意。」

同年4月7日日記云：

「杭立武為余言，孔庸之〔祥熙〕欲調胡適之返國任中央研究
院院長，並擬以宋子文使美，宋表示不願往。」

同年5月3日日記云：

「陳布雷自成都來電，謂駐美使節問題已入嚴重階段，余因電蔣〔中正〕先生指陳三點：(一)戰時外交人選，非有重大過失不宜常換。(二)胡適之如被內調，彼或拒絕新職。(三)適之信望在顏〔惠慶〕、施〔肇基〕諸人之上。（近日顏託人為余言，彼甚願赴美任美使。）」

同年7月25日日記云：

「今日午後晤陳光甫，彼甚欽佩胡適之。當即商定由彼致函蔣〔中正〕先生，申論美使不可易人。」

同年8月8日，王世杰再親自阻止美使易人，日記云：

「今午為胡適之事，向蔣〔中正〕先生面言，在此時期，大使不宜更動，蔣先生亦以為然。調適之回國之議，已暫時再度取消。」

一波未平，一波又起，1941年4月11日，王世杰接到周鯁生來信，「謂宋子文在華盛頓遇事專擅，不顧體統，頗使適之不快。」胡因此與宋不諧，而受其排斥，遂又有撤換之議。1941年7月14日日記云：

「復初〔郭泰祺〕為余言，宋子文有電致蔣〔中正〕先生，要求撤換適之，並薦施肇基繼適之為駐美大使。復初並謂蔣先生亦有更換適之之意，彼當時表示期期以為未可云。」

1942年7月1日，王世杰接胡適5月17日所寫之信，謂「彼於大使職甚消極，並謂數月未接政府一電。故其辭意漸決。」王復函勸其勿消極。但在同年8月14日，已無法挽救，日記云：

「今晨蔣〔中正〕先生囑布雷告我，謂蔣解除胡適之使職，以魏道明繼其任；其議來自宋子文。予以宋與胡既不相融洽，原議勢難變更，遂未爭持。且適之蓄意去職已久，其心臟病近雖未發，亦須休養。」

九月八日政府發表以魏道明繼胡適為駐美大使。在胡適使美期間，王世杰除在中樞力予維護外，並請好友周鯁生在美予以協助：

「電周鯁生，勸其多留美兩月，與胡適之隨時商議一切。」
（1940年2月1日記）
「今日函周鯁生，請其續留美國，與胡適之隨時商討諸事，旅費由宣傳部籌寄。」（1940年11月20日記）

胡適卸任駐美大使後，王世杰又以他的生活為慮，儘量為之設法，1942年10月6日記云：

「今日予與〔外交部〕傅秉常次長言，適之任大使時，殆無絲毫積蓄，現在美因身體不耐高空飛行，恐一時尚不能返國，外部於其旅費應從優撥給，俾免窘艱。傅以為然。」

1944年3月3日日記云：

「胡適之君將接受美國哈佛大學教席。予覺彼在未返國述職前似不宜遽接受外國聘約，因電蔣〔中正〕主席。蔣主席來電囑予墊送彼之旅費補助美金數千元。予因墊送六千元。」

當時，王世杰正在美訪問，曾於1944年2月10日、12日、17日、20日數度與胡適詳談，也談到胡與宋子文事，可惜日記中未記下所談內容。否則，對於胡、宋不諧的原因，當可獲得更多的了解。王世杰在1976年9月18日日記憶述郭泰祺在外交方面之特殊貢獻，其中有一項為：「於珍珠港事變前數月維護了胡適之使節，後來影響頗大。」而自己並未居功。

　　胡適於駐美大使任內，如何在美國進行工作，王世杰是諮商的對象之一，他給政府的報告以及政府給他的指示，王世杰日記中也有簡略的記錄。為研究抗戰期間中美外交史的學人提供了一些重要的線索。

　　(3)又如1945年8月14日我國與蘇聯簽訂之中蘇友好條約，係由王世杰以外交部長身分代表中國在條約上簽字，他因此備受批評。中蘇友好條約，實由同年2月11日美、英、蘇三國首領的雅爾達密約而來，我國被迫依此密約與蘇聯談判所簽訂之友好條約，可分為兩個階段，第一階段之談判，由宋子文以行政院長兼外交部長身分，自6月30日至7月12日在莫斯科與史達林直接面談六次。7月30日，行政院改組，宋子文辭外交部長兼職，改由王世杰繼任。第二階段之談判，由行政院長宋子文與外交部長王世杰在莫斯科與史達林直接面談，自8月7日開始談判，14日結束，15日晨六時簽字（正式約稿作14日）。王世杰是自始至終參與此事的少數人之一，在商討對雅爾達密約的因應措施時，王世杰即不斷與國府主席蔣中正、美國駐華大使赫爾利（Patrick J. Hurley）、宋子文等密商；當中蘇第一階段談判時，王世杰除於宋子文赴莫斯科前，一起研討對蘇方案外，更於宋抵莫斯科後，隨時與蔣中正就談判的情況加以研商，並代擬致宋之訓令電文。在中蘇第二階段談判時，雖仍以宋為主，但在會談前，王、宋必先充分交換意見，決定談判之原則。由此可知：王世杰是對中蘇友好條約自談判到簽字的詳細過程最清楚的極少數人之一。更難能可貴的是他在日記中，將進行的情形完整記錄下來，為研究這段史實的學者們提供了最好的第一手史料。細讀簽約經過，再回顧其後之發展，不禁令人擲筆三嘆！

　　(4)此外，他更是與中共、青年黨、民主同盟等各黨派商談的主要負責人之一，為謀團結合作，付出了不少心力。他的基本信念是：「國共雙方須互讓，纔能合作。」（1945年1月28日日記）直到1970年9

月20日，他回憶這段往事，自認為：

「余於抗日戰爭期，對於戰事極緊張期內，求避內戰爆發之努力，殊為不淺。」他在晚年曾多次重閱以前的日記，檢討當時一些重大事件的原委曲折及得失，頗有畫龍點睛之妙，對讀者有相當大的幫助。如：

> 「近日覆閱民二十八年〔1939〕九、十兩月日記，覺當時國際情勢十分複雜，孔庸之〔祥熙〕、王亮疇〔寵惠〕對德態度猶豫，或走錯誤，思之懍然。」（1976年九月七日日記）
>
> 「續閱民三十三年〔1944〕日記。余深覺對日戰爭時期所造成之經濟崩潰，宋子文、孔祥熙、與徐堪（糧政）責任最大。」（1972年1月25日日記）
>
> 「閱三十五年〔1946〕、三十六年〔1947〕日記。回思東北問題之未能解決，中共問題（政治與軍事）之未能解決，以史坦林之操縱為主因。通貨之未能解決，宋子文之專橫，不得中外信任，外款之未能利用，均為要因。」（1971年3月21日日記）
>
> 「閱三十七年〔1948〕日記，深覺宋子文為一有能力而實無政治魄力與責任心之人。余曾誤向蔣〔中正〕力薦以宋代孔〔祥熙〕，孔則昏庸而無能。陳辭脩〔誠〕因病不能早往東北，亦不能久留東北，均為大陸失敗之主因。」（1971年3月30日日記）

根據這些線索，去閱讀他當時的日記，不僅可以得到按圖索驥的便利，同時也可以獲取很多滿意的答案。

三、臧否人物，一針見血

　　人是歷史舞臺的主角，其言行和心理的動機，他同時代的人看得最為親切，若能及時留下觀察的紀錄，自是一項寶貴的史料，不僅有助於了解史實真相，也提供後人一個考察思索的重要方向。

　　王世杰在日記中對很多他同時代的人，就見聞所及，留下了率直的批評。如：1938年10月5日，認為行政院長孔祥熙、外交部長王寵惠均無作為，故「抗戰雖一年有餘，對外聯絡乃至借貸等事，毫無所成。」由於孔祥熙「昏庸而無能」，所以他早期頗寄厚望於宋子文；及與宋接觸較多，發現宋「為一有能力而實無政治魄力與責任心之人」，又因宋太專橫，不得中外信任，所以對宋之批評尤多。而孔、宋之間，亦「相互諉過」，並不和諧。又如1942年11月29日，王世杰赴南開中學應袁同禮晚餐之約，席間多為教育界人，經濟部長翁文灝（詠霓）亦在座，他在日記中記云：

> 「詠霓對於空軍秘密消息任意指述；對於十中全會決議任意指斥；對於物價問題任意批評，一若與主管機關（經濟部）無甚關係者。予覺此君畢竟只是一個技術人員。」

翁文灝這種刺刺不休、放言高論、自以為是的作風，其下意識裏可能認為如此才不失書生本色，而引以為豪。他和王世杰於1948年3月，都以在學術方面有卓越的成就同時當選中央研究院第一屆院士，獲得我國學術界最高的榮譽。由此可見，學人不一定都適合從政，而從政

的學人，也未必是適任的政治家。因為學人，尤其是成名的學人，由於個人在學術方面的成就，很容易在無形中養成了對任何事都以權威自居的習慣。翁文灝便是一個很好的例子。再如1937年，司法院長居正兼任私立朝陽學院董事長，在3月10日舉行之中央政治委員會中，提議由政府補助朝陽學院年十二萬元，王世杰時任教育部長，在會中表示反對，他認為：

> 「近來黨中耆宿，往往受人懇惠，各思取得一、二個學校，而此種學校，類皆成績不良，匪惟不宜獎勵，且當嚴行取締者也。此種趨勢，倘不及時糾正，教育整頓工作，將受重大影響。」

因此觸怒居正，至同年10月1日國防最高會議開常會時，居正竟在羞辱之後，再飽以老拳。王世杰在日記中記其經過及感想云：

> 「予因教育預算案事出席說明。居正挾朝陽學院等事之宿嫌，口稱教育當局『欺矇長官、無恥小人』；予當即起而質問事實，彼竟不答，越席而揮拳相毆。有私怨而無公心，身為司法最高長官之人，公然蔑視紀律，觸犯刑法，而無賴若此，可駭可痛。」

居正以司法院長之尊，而以此種粗魯方式向教育部長洩怨，在五十多年後的今天，讀到這幕「官場現形記」，對當時負國家大責重任的領導階層，不禁感慨萬千！

日記中所臧否的人物，多已故世；自其日記出版後，現仍健在
而有所辯白者，惟現任中央研究院院長吳大猷一人。^{註2}所謂「一字之
褒，榮於華袞；一字之貶；嚴於斧鉞。」褒貶之間，自難避免主觀成
分，特別是在日記中，更會保留個人真實的好惡；即使當事人沒有辯
白的機會，卻也提供後人研究相關史實時一個重要的線索；

　　由於史料的不斷公開，史家仍會參考各種不同的史料，詳加比
對，找出事實真相，予以公平客觀的論斷。

　　王世杰因為職務的關係，與政界人物接觸較多，所以臧否的對
象，也以政界人物為多。同時他也是學界中人，對學界人物也有深刻
的觀察。例如對中央研究院歷任院長，他都有所論及，而特別推崇蔡
元培和胡適。茲摘錄數條供作參考：

「孑公〔蔡元培〕貌似和易，實際上風骨凜然，為本黨第一，
此為余所深知者。」（1940年3月5日）
「細閱中央日報日昨增刊（紀念蔡〔元培〕先生），予於蔡先生
之立身行事、待人接物、敬慕愈深。」（1940年3月25日）
「余覺近數十年來，中國歷史上之最大人格以孫中山、蔡元
培、胡適、吳敬恒為最。」（1964年3月25日）
「余嘗言，北大只有兩根半骨頭，謂蔡子民〔元培〕胡適之、
傅孟真〔斯年〕也。」（1964年6月24日）

　　1938年，王世杰奉派為國民參政會參政候選人資格審議九人小組
之一，他評審的標準為：

「政見不同者應從寬羅致;操行有虧守者(尤其如「賄選議員」之類),則不可任其濫入。」(5月30日日記)

他「力主排斥政治道德破產之人」(6月16日日記)。這是他評論別人的標準,也正是他個人操守謹嚴的最佳說明。

四、餘論

王世杰以學人從政,對史料之保存極為重視,故留有大批文件,為研究近代史之珍貴直接史料。其所寫三十多年的日記,更為學術界、特別是研究近代政治及外交史的學者們所重視。1968年7月7日,王世杰往晤陳誠夫人,是日日記云:

「彼謂彼已將辭修〔陳誠〕函牘文件,易於引起爭端者焚燬。余雖不贊成,然既已焚燬,言亦無益,因未置評。」

寥寥數語,已可看出他重視保存史料之態度。陳誠文件之被焚燬,的確是件無可彌補的損失。王世杰則不然,他在遇有重要而為日記無法容納時,即記下要點將文件另行保存,並加整理,如:

「檢閱近數年來保存文件,並囑託喻德輝君代為整貼。」
(1976年5月10日日記)

「余近日檢閱我所存儲自撰文稿，覺存儲之件遠不逮失存者之多；即余在舊日自行主編之報章期刊，亦俱無存，亦無法補搜。」（1977年3月7日日記）

他的日記，更是經過多次整理，由其「日侍左右，司簿書筆札」[註3]的姪子王德芳任其勞。像他這樣有心保存史料的態度，自然大大提高了這部日記的價值。

日記，是個人日常生活的記錄，也是一種自我訓練，培養勤與恒的習慣。王世杰每於日記間斷後即自責「勤恒不足」、「有愧古人」。因此，才有這麼多珍貴的紀錄保留了下來。

個人的日記，對家庭生活的記載大多非常詳細，可是王世杰日記，僅偶有簡單的記錄，絕大篇幅都是他所經辦或所見所聞的國家大事，記下事件的原委或他本人的反應。他在提及當時的政治人物時，也多半寫出其職銜，此對後人閱讀有相當大的幫助。由此可見，這部日記撰寫的動機之一，是有意傳世的。

最後，附帶說明一下王世杰的有關檔案。王世杰的檔案，經其哲嗣紀五及女公子秋華全部移送中央研究院近代史研究所代為整理、保管，並已編為「王世杰先生檔案目錄」一冊。依其內容，大致分為下列幾類：日記、聘書、函稿、收發文簿、信札、照片、實物、著作、演講、談話、雜著、剪報、雜檔等。本文所介紹的日記，就是其中比較完整、也最為珍貴的一部分。至於其他檔案所包括的時間，多為1949年政府遷臺以後者，此前的文件，如他與時人的往返函電等，多與重大事件有關，卻很少保存下來，十分可惜！這是研究近代史學人

的一大損失！依照王世杰注重保存史料的態度推測，理應妥善保存，可能是由於時局動盪不安，一再播遷，倉卒中無法隨身攜帶而告散失。動亂中保存史料，確非易事，只有讓有心人再上窮碧落下黃泉，動手動腳去尋訪蒐集了。

1990年5月於近代史研究所

（原載：中央研究院近代史研究所編印：《近代中國史研究通訊》，第9期，pp.93-104。1990年3月出版。）

【注釋】

註1：傳記文學，第38卷，第6期，頁49，1981年6月1日出版。

註2：吳大猷於1967年返國，擔任科導會及國科會主任委員。王世杰日記於1967年8月20日、8月25日、1970年8月25日、9月11日，1971年1月10日、2月1日，1973年11月18日，及1974年1月11日，曾多次予以嚴刻的批評，主要的是，認為他「器度不廣，護己短而苛責他人」，「無行政經驗，亦無得力助手」，又不能常川在臺，所以「主持科學委員會數年，可謂極乏成績。」至於吳大猷改組長科會為國科會時，被批評「專妄」一節，吳在〈我與中央研究院〉一文中，有所辯白，他之未請中研院的李濟和李先聞至國科會，「不是疏忽，而是聽人忠告也」又云：「以為國科會未聘中研院人為委員『不可恕』，正是『本位』觀念在作祟耳。」見傳記文學，第56卷，第5期，頁43，1990年5月1日出阪，兩賢遲來的爭論，留待以後的史家去探討吧！

註3：同註1.

一、家世

錢思亮（1908～1983），字惠疇，浙江杭縣人。父鴻業，號謹庵，京師法律學堂畢業，為法界耆宿。民國初年，累遷至北京大理院簡任推事。1928年7月，調派代理河北高等法院第一分庭庭長。1931年1月，奉派代理永年地方法院院長。3月，派署上海第一特區地方法院檢察官。1932年3月，調派該院庭長。平素處理案件，審慎明允，輿情翕然。母徐太夫人仁恭，備德而善處貧，實有以相之。

二、學歷

清光緒三十四年（1908）正月初九日，思亮生於河南淅川。幼患嚴重骨髓炎，臥床很久，不能上學，在家請老師補習。民國六年（1917）9月，入北京第二十五初等小學插班在三年級，聰敏好學，而生性沉默。1918年4月，改入天津私立第一小學，於1919年6月

初小畢業。9月,入北京高等師範附屬高等小學,1922年6月畢業。9月,入天津私立南開中學,1924年6月初中畢業,於9月升入同校高中部,1927年6月畢業。9月,考入清華大學化學系。

1927年,奉父母之命與張婉度女士結婚。夫人生於清宣統元年(1909),廣東樂昌人,為張昭芹(魯恂)之次女,淑慎溫恭,上事重堂,相夫以道,課子有方。

1931年6月,思亮在清華大學畢業,獲理學士學位。是年秋,與吳大猷、內兄張茲闓由滬同船赴美,以庚款入伊利諾州香檳城伊利諾大學化學系研究所攻讀。1932年6月,獲伊大理學碩士學位。9月,繼續在同校攻讀博士。1934年6月,以畢業論文「具有旋光性之雙輪基質變為不旋光體之速度」獲伊大哲學博士學位。在美時被舉為「Phi Beta Kappa名譽會」會員。(該會成立於1776年,若干大學於每年應屆畢業生班中,選成績最優者若干人,但對研究生則為數甚少,其金鑰匙上一面有PS兩字,代

錢思亮院長
(任期:1970年5月～1983年9月)

表哲學與科學。被選入會者，在美國被認為是一項榮譽。）8月，應聘為國立北京大學化學系教授，講授普通化學。

三、任教北京大學

1937年7月，抗戰軍興；8月，日本憲兵進入北大；北大遷校長沙，與清華、南開兩校合組國立長沙臨時大學，思亮乃隻身赴長沙，任長沙臨時大學教授，夫人攜三子則移居上海，侍奉翁姑。1938年2月，臨時大學再遷昆明，4月，更名為國立西南聯合大學，思亮赴滬採購儀器、藥品等，押運昆明，任化學系教授，講授有機化學。

1937年冬，母徐太夫人在滬病逝，思亮因任教西南聯大，烽火蔓延，噩耗難傳，未能及時奔喪。1940年春，祖母又病逝滬濱，乃於暑假間關赴滬省親奠祭。

自抗戰軍興後，上海所有行政各機關均撤退後方，由於租界之行政權為英、美、法等國掌握，而我國中央機關之能正式繼續在滬工作者，係賴我與各國條約保障下所設之特區法院。不獨特區內數百萬中外居民之生命財產，得有合法保障，而國家法權之行使，亦賴以繼續維持。再者，我國之金融機關、國際文化宣傳機構，以及物資接應，亦都以上海為中心；其關係抗戰之結果，至深且鉅。因此被日軍和漢奸們視為眼中釘，屢次設法逼在特區法院服務的司法人員撤離，可是法院同仁毫不畏懼，仍照常辦公。時思亮之父鴻業，以第一特區地方法院第一刑庭庭長兼代院務，執法不阿，弗避艱險，維持公道，擁護法權，竟致遭忌，於1940年7月29日中午，自公共租界衛海威

路法院臨時辦公處，乘人力車返法租界福煦路模範邨43號寓所途中，被奸徒狙擊殞命。國民政府於8月23日明令褒揚。[註1]思亮治喪事畢，以交通阻塞，遂滯留上海，於1941年2月任新亞化學藥物研究所研究員。

1945年8月，抗戰勝利。9月，改任經濟部蘇浙皖區特派員辦公處專員、專門委員。1946年，北大復員，乃離滬北上，於8月復任北大教授，並兼化學系主任。

四、臺灣大學二十年

1948年底，北平被共軍圍城甚急，政府特派遣專機赴平營救被困學人。1949年1月7日，思亮全家與毛子水、英千里、劉崇鋐等由危城北平飛抵南京，傅斯年等多人在機場相候。時已發表傅斯年為國立臺灣大學校長，正準備接任，乃邀思亮至臺大任教。傅斯年於1月20日就任臺大校長，思亮則由南京到上海搭船，於2月間抵臺，就任臺大教授兼教務長，並一度代理理學院院長。

1950年11月，奉派代表臺大出席在巴黎舉行之「國際大學校長會議」，會議期間，美國哥倫比亞大學願與臺大合作，允派醫學教授二人，改良臺灣醫學教育；12月20日，傅斯年驟逝，暫由文學院院長沈剛伯代行校長職務。1951年2月，以胡適鄭重推薦，行政院會議決議任錢思亮為臺大校長；3月就職；同年任「中國化學協會」會長、「中國科學振興協會」理事長。1954年1月17日，與黃國書、方治往南韓，代表「中華民國各界援助留韓反共義士委員會」迎接反共義士

返國；2月8日，一萬四千餘名反共義士宣誓效忠，並簽訂「反共救國公約」。10月，任中央、故宮博物院共同理事會第三屆理事（理事長王雲五）。

1957年4月4日，中央研究院第二次院士會議第三次會議，以第三屆評議會評議員多陷留大陸，無法在臺集會，決定加選第三屆評議會聘任評議員五人，錢思亮及董作賓、梅貽琦、張其昀、趙連芳當選，呈奉總統聘任。1958年4月，胡適就中央研究院院長職，同月，美國國家科學院函請中央研究院推選青年科學家赴美，在各大學實驗室從事高深研究，中央研究院決定推梅貽琦（召集人）、胡適、李先聞、凌鴻勛、李濟、全漢昇、錢思亮組織委員會，規劃辦理。1959年2月，行政院成立國家長期發展科學委員會，任為委員（正副主任委員胡適、梅貽琦）。1960年春，連任中央研究院第四屆評議會聘任評議員。7月，與胡適、蔣復璁等赴美出席在西雅圖華盛頓大學舉行之「中美學術會議」。

1961年1月，連任國家長期科學發展委員會執行委員會委員；5月，率臺大師生赴南韓訪問；8月27日，出席中央研究院第四屆評議會第二次會議，討論第四屆院士候選人問題，思亮與時任清華大學校長梅貽琦同以大學校長身分（即院士第二項資格：對於所專習學術之機關，領導或主持在五年以上，成績卓著者）被提名為數理組院士候選人，他因不願與母校老校長同時競選，故在會中堅請撤銷提名，表示禮讓。1962年2月24日，中央研究院舉行第五次院士會議，選出新院士梅貽琦、何廉等七人，同日，胡適在招待院士會席上心臟病猝發去世。4月，由王世杰（雪艇）繼任中央研究院院長。1963年春，思亮復

當選中央研究院第五屆評議會聘任評議員。1964年9月，中央研究院舉行第六次院士會議，思亮當選第五屆數理組院士。1966年及1969年春，又蟬聯中央研究院第六、第七屆評議會聘任評議員。

五、中央研究院院長與晚年

　　1970年4月，王世杰辭去中央研究院院長職務；5月2日，中央研究院評議會召開臨時會議，選舉第五任院長候補人，結果錢思亮、吳大猷、閻振興當選，呈請總統遴選一人繼任院長，6日，總統特任錢思亮為中央研究院院長，所遺臺大校長一職，由閻振興繼任；6月4日，宣誓就職。7月，中央研究院舉行第九次院士會議，由思亮主持。院士會議每兩年召開一次，直到1982年的第十五次院士會議，思亮共主持了七次。其不舉行院士會議之年，則由院長赴美舉行院士分區座談會，與留美院士就國家學術方針交換意見。

1982年7月19日，錢思亮院長主持第十五次院士會議開幕式後，再到美國文化研究所主持王世杰故院長銅像揭幕典禮，左起：王院長長子紀五、長女雪華、次女秋華，右起第四人為長婿艾世勛院士。

中央研究院評議會，由院士選舉經總統聘任之評議員及當然評議員組成，院長、總幹事及各研究所所長為當然評議員，院長為評議會議長。思亮自就任院長後，即為當然評議員及議長。惟於1972、1975、1978、1981各年分別選舉第八、九、十、十一屆聘任評議員時，也都當選，故具備有聘任及當然評議員雙重資格。（自第十二屆起，凡具有當然評議員資格者，不再列入評議員候選人名單。）

1983年3月23日午，錢院長在蔡元培館宴請袁家騮（左起第三人）、吳健雄院士夫婦，左起第一人為作者，第二人為總務主任趙保軒。

1971年12月，兼任行政院原子能委員會主任委員，歷時九年半，於1982年7月由閻振興繼任。1973年9月13日，中華教育文化基金會董事會董事長孫科病逝，思亮當選繼任董事長。1976年7月，舉行第十二次院士會議，次子煦（仲和）當選為新院士，隸生物組，父子先後膺選院士，堪稱佳話。1980年8月，中央研究院舉行首次「國際漢學會議」，參加者有國內、外學者273人。

1983年5月1日，思亮接受西德科學研究基金會秘書長席祿博士（Dr. C. H.

Schiel）與國際合作處處長魏有恒博士（Dr. J. Wiercimok）之邀請，啟程前往西德訪問，在西德停留十餘天，備受禮遇。然後轉道美國伊利諾州香檳城，於5月15日接受其母校伊利諾大學所頒贈之名譽科學博士學位。在獲得此項殊榮之伊大傑出校友中，其屬於中華民國國籍者，思亮為第一人。再分赴芝加哥、紐約、華盛頓、舊金山、波士頓等地，分區舉行院士座談會，於6月16日返抵臺北。由於長途勞頓，身體已覺不適，並未稍事休息，立即到院視事。22日，終感不支，以糖尿病併發症入臺大醫院醫治。病情時好時壞，旋又伴發急性心肌梗塞及心臟衰竭，病情惡化，羣醫束手，於9月15日下午六時四十分溘然長逝，享年76歲。10月1日，總統明令褒揚，並將生平事蹟，宣付史館。夫人張婉度女士，先逝於1976年1月4日。子三：長純（伯玄）、次煦（仲和）、幼復（君復），皆畢業於國立臺灣大學，繼負笈美國深造。純治經濟學，煦習醫，復攻政治學，三昆仲各有卓越成就。

六、重要貢獻

思亮獻身於教育、學術垂五十年，其一生與國家高等教育及學術發展，密切相關。自學成返國後，即執教北大，循循善誘，深受學生愛戴。每次上課前，必作充分準備，以彌補其不善言辭之天賦，並於上課鈴響前三分鐘到達教室門前等候，其一絲不苟與守時的精神，是身教尤重於言教。

思亮貢獻最大者，則為主持臺大校政及中央研究院院務。在臺大二十年校長任內，繼傅斯年校長之後，維持自由學風之傳統，不以行

政干涉教學、研究，充分尊重學術自由及學術獨立，作育人才無數。當其接任之初，各學院不過粗具規模，文、理、法、工、農五個學院共有28個學系，醫學院僅設有醫科，研究所亦僅有熱帶醫學、植物學、生理學、病理學、結核病學、電機工程、農業化學、植物病蟲害、文科等九所，至1970年5月思亮離開臺大時，大學部增加九系，共38系，研究所則擴充至36所。自1966學年度，更增設化學研究所博士班，截至1969學年度，三年內各學院師資設備條件已備之研究所陸續成立12個博士班，計：文學院有中國文學及歷史學，理學院有化學及物理學，法學院有經濟學，工學院有電機工程學，醫學院有生化學、藥理學及病理學，農學院有農藝學、農業化學、植物病蟲害學等。校內學術研究氣息，日趨濃厚。

　　1955年，臺大開辦夜間補習班。1960年，又試辦夜間部，初設有四系，1961年又添二系（旋於1963年停止招生），至1967年，設立新制夜間部，有中國文學、法律學及商學三系，原有之夜間補習班即行結束。

　　思亮在臺大二十年的悉心經營、擘劃、舉凡增設系所、增建校舍、延攬師資、加強學術交流及擴充設備等方面，均有長足進步。在科技教育，理、工、醫等科學研究方面，尤著成效，獲得國際教育、學術界的重視，並與美國諸多著名大學先後進行學術合作、交換學生及遴薦教師赴美進修。在國內更與各有關機關或公民營企業機構辦理建教合作，接受委託進行各項專題研究計畫，又與中央研究院、國立清華大學、成功大學、交通大學及臺灣省農業試驗所分別合辦數學、物理、化學、生物、工程及農業各研究中心。更分洽國內外文教機構與基金會謀取合作，資送教師及學生出國研究、進修或考察；於師資

陣容之加強，裨益良多。臺大之人才輩出，洵非偶然。

　　自1954年1月起，臺大經費由原臺灣省政府預算改列中央預算，為因應實際需要，除所列撥經費外，亦有由外界補助者，次第興建各院系教學實驗之專館，並充實內部設備，添置大量圖書儀器標本及出版各種學術專刊、期刊。使我國科學發展及學術研究的水準賴以提昇；而學校規模、組織之完備，皆在其主持校政時期成形，並引導使之步入制度化的軌道。

　　1970年初，思亮應國家建設計劃委員會之請，就「如何改進我國高等教育」問題進行研究。先蒐集歐美國家高等教育之現況與發展趨勢，再分請十九所公私立大專院校之學者專家座談，提供意見，然後由思亮加以綜合，並經縝密研究後，提出具體改進方案，期能解決大學教育之若干基本問題。該方案之要點有五：（一）加強民族精神教育，（二）充實師資與設備，（三）修訂有關教育法令，（四）改進大學入學考試方法，（五）加強建教合作。部分建議，已為教育當局採納實行。

　　既繼長中央研究院，此一國家學院（Academia Sinica），直屬於總統府，為我國學術研究最高機關。對於法定之任務：「從事科學研究，指導聯絡獎勵學術之研究」，推進不遺餘力。該院院士，就學術界成績卓著之人士選舉之，分為數理、生物、人文三組，其任務為議訂國家學術之方針，受政府之委託，辦理學術設計、調查、審查及研究事項。每屆院士會議並依規定進行新院士選舉及依期辦理評議會聘任評議員之選舉（院士為終身名譽職；評議員之任期為三年，連選得連任。）

　　該院於1949年自大陸撤遷來臺之初，僅有歷史語言、數學兩研究所之人員設備得以及時遷出，後經歷任院長之大力策劃，政府之積極支持，得以先後擴充至九個研究所。至思亮繼任後，又根據事實需要，並迎合國際學術發展趨勢，陸續成立美國文化研究所、三民主義研究所、地球科學研究所、生物化學研究所及資訊科學研究所五所，更增設生物醫學、統計學、原子與分子科學三研究所及分子生物學綜合研究室四個籌備處，對最新尖端科學的移植，不遺餘力

　　1980年，為中研院釐訂五年發展計畫，所費心血極多。自1981年度起，各研究所處開始積極付諸實施。就既有基礎，進一步加以拓展，於著重基本科學研究而外，亦同時適當兼顧應用科學方面，期對國家當前經濟建設若干實際問題有所助益。而對於促進國際學術交流，與國內各大學聯繫合作，協助其教學，亦所措意。此為思亮任內最具體之貢獻。茲據中央研究院評議會對五年發展計畫執行成效所作之初步檢討：在經費方面，就14個研究所之平均年度經費而言，五年計畫實施前一年之1981年度為一千五百餘萬元，1986年度增為五千五百餘萬元，其成長為三‧六倍。在人員方面，1981年度全院共有研究員與副研究員186人，1986年度增為344人（不含四個研究所籌備處），約增加百分之八十五。在研究成果方面，各研究所於1980至1981年間，共發表原始研究論文853篇，其中196篇在國外發表，佔百分之二十三；1984至1985年間，共發表論文1,334篇，其中338篇在國外發表，佔百分之二十五。四年之隔，平均每年發表論文總數約增百分之五十六，而在國外發表篇數更增加了百分之七十二。由於各所研究工作獲有適度自有經費之支持，不必完全依賴外間個別計畫

型之短期支援，而得以有計畫有系統的循序進行，研究範圍與規模獲得應有擴展，研究人員急速提升，建築、設備逐一更新，研究環境大幅改善，研究成果自亦隨之加速累積。凡此，皆係拜五年發展計畫之賜。中央研究院遷臺以來，真正有計劃、有秩序的整體發展，可以說是自五年計畫的實施為其起點。

不意，五年計畫之實施，甫步入第三年，其領導人即溘然長逝。中研院即以化學研究所新建之研究大樓，命名為「錢思亮紀念館」，並闢室陳列其有關文物，供同人常相懷念。臺灣大學則將其理學院新建之大樓命名為「思亮館」，以資紀念。此兩紀念館不約而同之設立，已足以說明其貢獻的所在。

再者，思亮接任原子能委員會主任委員時，適「原子能法」甫行公布，施行未久，該會即依據「原子能法」改制，擴大組織，分設綜合計畫、核能管制、輻射防護，及秘書等四處，另設人事、會計兩室，展開工作。繼在高雄成立「臺灣輻射偵測工作站」，並在臺大校區自建研究及工作房舍，同時建立X光設備的安全使用管理制度。至於臺灣電力公司核能一廠之機器運轉與發電，也是在他任內開始的。

七、著作

思亮平生心願厥為研究與教學，於有機化學，尤為興趣之所在。早年曾以英文撰寫論文多篇，分刊於國內外學術雜誌，茲擇其重要者分列如下：

1.Alkyl Oxalates and Oxamates, J. Am. Chem. Soc. 53, 3901

（1931）.

2. Stereochemistry of Diphenyls, J. Am. Chem. Soc. 56, 1787 （1934）.

3. Dehydration of Acid Amides to Nitriles, J. Chinese Chem. Soc. 2, 240 （1934）.

4. Synthesis of Some Halogenated Thioeresols, Ibid, 4, 355 （1936）.

5. Effect of Substituents on the Germicidal Activity of Phenols I. Alkyl Derivatives of 2, 4-Dibromophenol. Ibid. 361.

6. Resorcyladoxime As a Reagent for the Colorimetric Determination of Ferric Iron, J. Chinese Chem. Soc. 5, 154 （1937）.

7. The Dipole Moment of Phenyl p-Tolyl Sulfide and the Govalency Angle of Sulfur. Ibid. 204.

8. The Dipole Moment of 2, 2' ,4, 4' - Tetranitrobiphenyl, The Fortieth Anniversary Papers of the National University of Peking, 1939, p. 271.

9. The Effect of Substituents on the Germicidal Activity of Phenols. II . Alkyl Derivatives of 2, 4-Dichloropheriol, J. Chinese Chem. Soc. 7, 40 （1939）.

10. The Effect of Substituents on the Germicidal Activity of Phenols. III . Chlorinated Hydroxyphenyl Alkyl Sulfides, Ibid. 46.

11. The Effect of Substituents on the Germicidal Activity of Phenols Ⅳ. Synthesis of 6-n-Hexyl-, 6-n-Heptyl-, and 6-n-Octyl Derivatives of 2, 4-Dichlorophenol. The Fiftieth Anniversary Papers of the National Peking University, 1948.

12. General Formula for the Calculation of the Number of Stereoisomers Theoretically Possible for Compounds Containing Pairs of Similar Asymmetric Carbon Atoms. The Fiftieth Anniversary Papers of the National Peking University, 1948.

惟自擔任臺大校長後，以校務繁劇，無法繼續其教學研究工作。至於一般性論述，多散見於報章雜誌，惜均未成集。

參考書目

一. 《錢思亮先生紀念集》，1983年編印。

二. 〈錢鴻業事略〉及國民政府褒揚令，見國史館編：《中華民國褒揚令》，初編，第八冊，頁3896～3898，1985年6月初版。

三. 錢思亮，〈先室張夫人行述〉，1976年1月。

四. 《中華民國英文年鑑》「時人錄」，錢思亮先生校正之底槁。

五. 錢思亮，〈值得回憶的往事〉，收入聯合報：《各說各話》，第一集，頁1～4，1972年2月出版。

六. 那廉君，〈哀悼錢思亮先生〉，《傳記文學》，第43卷，第4期，頁36～38，1983年10月出版。

七. 那廉君，〈追記錢思亮先生對改進我國大學教育所提出的意見〉，《高雄市臺大校友會刊》，頁14～15，1984年5月出版。

八. 關志昌，〈民國人物小傳——錢思亮〉，《傳記文學》，第46卷，第1期，頁135～137，1985年1月出版。

九. 中央研究院第一、二期五年發展計畫評審報告（打字油印本），1986年4月。

十. 查良鑑，〈謝冠生二三事〉，《時代文摘》，1982年11月號，頁6～10，轉載自《晨鐘》。

（原載：秦孝儀主編《中華民國名人傳》，第6冊，頁549-564，台北，近代中國出版社，1986年6月30日初版。）2007年4月修訂。

附記：本文完稿後，為求慎重，曾送錢院長次公子錢煦院士過目，錢院士認為我是錢院長的學生、僚屬、晚輩，不宜在文中直呼其名。我說，這是為一位歷史人物撰寫的小傳，不是我個人所寫的紀念文，體例不同，不宜加尊稱。

註1：關於錢鴻業被暗殺情形，當時為其經理後事的劉紹奎曾有一段記述。劉
　　紹奎（1901-1987）字斗南，山東泰安縣人，1937年夏曆12月20日，國
　　民政府派阮清源在上海靜安寺路滄洲大飯店暗殺偽江蘇省長陳則民未遂
　　被捕，劉紹奎奉命設法營救釋放。他在〈回憶溯懷〉一文中云：「恰適
　　斯時，余早已晉級公共租界總督察處幫辦有年，總攬巡捕房司法大權，
　　毫不猶豫允為設法營救，……遂於是晚至法租界福煦路四明里，上海第
　　一特區地方法院，第一刑庭長官邸，晉見錢庭長鴻業字謹庵，籍隸杭
　　州，仕宦世家，民初在北京大理院任職，袁世凱洪憲登極曾躬身朝賀，
　　茲後陞遷上海現職，哲嗣思亮，現任中央研究院院長。敬將來意作破釜
　　沈舟之懇請，謹老本就是忠貞愛國，向以有國而後有家，曉諭青年，慨
　　然允許。及夫庭訊，即將意圖暗殺罪條改為私攜槍械判處有期徒刑二個
　　月，手槍沒收結案。及乎日本憲兵至法院請求引渡，案已判決不及矣。
　　謹老在上海第一特區地方法院刑庭長有年，平素審理案件，公正清廉，
　　不枉不縱，執法如山，博得全滬居民有口皆碑之美譽，尤以不畏黑社會
　　威脅與利誘，更為人所稱讚也。迨南京汪精衛等一般人，於二十八年
　　（1939）抵達上海組織政府後，丁默邨、李士群為正副警政部長，在滬
　　西極司斐爾路七十六號（1930年山東省主席陳調元的公館）設立特務
　　總部，吳雲甫即吳四寶，為行動總隊長，專事暗殺工作，丁默邨首將第
　　一特區高等法院院長徐維震，說服靠攏，復拉攏錢庭長，及郁民庭長華
　　字曼陀，不料竟被堅拒不為所誘，丁默邨、吳四寶乃命令星加坡路十二
　　號夏分隊長超帶人先將郁庭長槍殺。未幾何時，復在威海衛路、福煦路
　　口，槍擊錢庭長，當時據報即同謹老好友張緒先馳至廣慈醫院時，已氣
　　絕身亡矣。敬遵謹老生前囑託葬於靜安寺路外國公墓。」（台北，《山
　　東文獻》，第14卷，第1期，頁28-29，1988年6月20日出版。）據劉紹
　　奎的同鄉晚輩閻琴南面告，由於劉紹奎曾協助經理錢鴻業的後事，所以
　　錢思亮對他尊敬備至，每年春節，一定親到台北市和平西路劉宅拜年。

感念錢院長思亮先生

先從台灣大學說起

我對錢思亮先生的感念，應追溯自1955年考取臺灣大學開始。

1955年6月，我在教育部特設員林實驗中學畢業，到台北來參加聯考。當時參加聯考的大學只有：台灣大學、師範學院（師大前身）、政治大學、台中農學院和台南工學院等五所。同班中很多功課好的，如張玉法兄，是首次招生的東海大學中文系的第一名，趙彥賓兄則是改制後的省立法商學院的榜首。可是他們在填聯考志願時，都是因為無法籌措學費而填了可享公費的師範學院。我也報考了東海及法商，都是備取，唯一的正取是台大中國文學系，所以就進了台大。另外三位同班的王曾才、王德毅、馬先醒等兄，均在台大歷史系，所以到大二時我也轉入了歷史系。

考取了台大，當然高興，可是如何籌措學費？則是一大難題。離開員林實中母校

時，楊展雲校長以大家長的身分發給每位考取大學者新臺幣400元，不久就花光了。在到台大註冊時，不僅囊空如洗，也沒有什麼行頭，真可說是「赤手空拳」。承在前一年考取台大的莊惠鼎兄見告，可寫個報告送到訓導處，申請學雜住宿等費減半繳納，要繳的那一半再請求緩繳，等找到家教賺些外快後再行補繳。我將報告寫好後，懷著忐忑不安的心情走到訓導處，將報告呈給秘書張樂陶教授。張教授很慈祥的垂詢在實中的生活情形，對於刻苦奮鬥、仍不廢讀的求學精神，予以嘉勉，然後說：「這個報告不行，要拿回去重寫。」當時我一聽真是急得五內如焚，立即想到非繳錢不能註冊怎麼辦？不料張教授接著說：

> 「你申請減免一半，那一半誰替你付？你又能到那裡去籌這筆錢？趕快回去另寫一份報告，申請全免。你們實中同學的困難，我非常清楚，學校方面，我會儘量替你們爭取。不過，防癆協會每年照X光的5塊錢，是學校代收的，無法減免。」

聽完這段話，我真不敢相信自己的耳朵，感激的一句話也說不出來，便鞠躬而退。我最大的希望只是減免一半，結果只繳了5元新臺幣就辦好了註冊手續，連40元的講義費都不要繳，並且優先分配到免費的宿舍。其後張教授復在校務會議提案，以後凡是實中畢業而在原校享受公費的學生，考到台大後，一律免收學雜住宿等費，經校務會議通過。所以我在台大四年，總共只繳了20元新台幣，這20元還是台大

代防癆協會所收照X光的工本費。說起來真是難以令人置信！不僅如此，大陸救災總會在台大設有助學金，最初是每名每月96元，後來相繼調到每月120元及150元，這個數目，在當時足夠支付一個月的伙食費。由於名額有限，申請者競爭的很激烈。又承張教授費心多方協調，使我實中校友更是優先「人人有獎」。台大給予我們這種種優待，到了令其他同學十分嫉妒的地步。

1969年8月29日晚，莊惠鼎、許延燸、王學書、王曾才和我等在台大畢業的實中校友，假僑聯賓館宴請張樂陶教授夫婦，聊表感謝之意。張教授對我實中同學有一種特殊的好感，並將其女兒嫁給我們實中校友胡金鼎。他說：「人必自助而後人助之，你們經過許多磨練，都能刻苦耐勞，如果不予以幫助，就沒有天理了。」他又說：「胡金鼎就讀工專時，沒有錢繳學費，校長對他說，沒有錢不行，你轉師大好了，其他學校沒有不繳學費的。他不知道台大就是個例外！」張教授的大力幫助，當然要有錢思亮校長的全力支持才行。我們實中在台大的同學們，都很感謝張樂陶教授，當然也要感謝主持台大校政的錢思亮校長。如果校長不支持，張教授的做法，絕不可能實現。[註1]沒想到，錢校長轉任中央研究院院長後，在他一生最後的兩年裡，給了我一個回報的機會，隨侍左右，聊盡棉薄。

在台大四年，從未和校長直接打過任何交道，只有在每年11月15日校慶舉行運動會時，遠遠的見到校長一面，聽他那簡短又有趣的講話。他的開場白，總是照往例先講今天天氣很好、各位同學的精神也很好等，高年級的同學，往往能一字不差的與之同時說出來，雖為老生常談，可是每次說完，台下總是報以熱烈掌聲及發自內心的笑聲。

有一年天氣不好，校長不得不改了詞，台下笑聲更是熱烈。師生樂融融的畫面，洋溢著無比的溫馨！

錢校長出任中央研究院院長

1970年4月，中央研究院王世杰院長以年邁辭職獲准。5月2日，第七屆評議會舉行臨時會議，選出錢思亮、吳大猷、閻振興三位先生為院長候補人。5月7日，蔣中正總統在三位院長候補人中圈選了錢思亮先生，即明令發表為中央研究院院長。錢先生於6月4日上午到任，由總統府秘書長張羣（岳軍）監交。下午三時，在蔡元培紀念館舉行

1976年7月27日，錢思亮院長主持中研院第十二次院士會議，與出席院士在蔡元培館前合影。
前排右第三人起：袁貽瑾、李濟、王世杰、錢思亮院長、淩鴻勛、李方桂、吳大猷。

歡迎酒會，首先由四朝元老植物研究所李先聞所長致詞，他說研究院越來越走下坡，沒有什麼成果。並笑指歷史語言研究所李濟所長為五朝元老。李所長說，五朝元老不是恭維語，他說錢先生任院長是62歲，我們第一任院長蔡元培先生任院長時，也是62歲。再由化學研究所魏喦壽所長簡短致詞後，即由錢院長致答詞。錢院長說：我到院後，首先要解決迫在眉睫的垃圾場問題，一日不解決，一日不罷休；頓獲同仁熱烈掌聲。緣當時要在中研院不遠處闢為福德坑垃圾場，同仁們深怕受到污染。可見他在就任前，已對研究院的情形進行過了解。又謂昨天在台大畢業生典禮上說，諸位在台大四年畢業，我則是19年，今與諸位同時畢業。大學畢業，又進研究院，是順理成章之事，願諸君也能入研究所繼續深造。錢院長向以不會演說著稱，但這段話却十分幽默。

6月10日上午，錢院長即到近史所各同仁的研究室巡視，我恰好不在室內，沒有見到。這是他禮貌周到的地方。直到1977年7月20日，錢院長又來近史所巡視，到我研究室四巡後，說了一句尚算整齊就走了。我也是不善言詞的人，不知道如何應對，當時的感覺，有點像清潔處長視察環境似的。

錢院長處理近史所風波

1969年9月3日，近代史研究所郭廷以所長赴美講學，自此一去未歸，於1975年6月14日病逝紐約。他所以一去不歸，是因為手創的近史所，這時整天沸沸揚揚，已到了分崩離析的地步，為了福特基金，

使不擅長交際的郭所長，受到外界許多無情的攻擊，甚至給他貼上中共同路人的標籤；這頂紅帽子，當時足以使人丟掉性命！在所內，為了接班人、升等、出國進修或訪問研究等問題，造成資深研究人員與中生代的嚴重摩擦。錢院長到院後，近史所經常有人為瑣事上書院長、或向院長當面申訴，1970年10月27日，近史所12位中生代的研究人員上書，請早日延聘一位在近代史方面學養深厚的長者來主持所務。這些人事糾紛，各執一詞，互不相讓，儘管理不一定直，但是氣都很壯。錢院長為此深感頭痛，有一次到師大曾祥和教授家拜訪時，見面第一句話就說：「我在研究院碰到紅衛兵了！」[註2]

　　為了近史所的安定，錢院長聘請梁敬錞（和鈞）先生接任所長。錢院長之所以聘梁先生，首先應該是出於最高當局的授意、安排；因為梁先生所撰《史迪威事件》一書甫告完稿，他在該書中，根據大溪檔案為蔣中正總統辯護，是獲准利用大溪檔案之第一人，其受最高當局重視之程度，不言而喻。該書正在修改及安排出版，如以近史所所長的身分出版，自然有助於其學術性的提高。其次則是錢院長與梁先生個人的關係。1971年3月16日晚，沈雲龍先生告訴我：梁和老與錢院長之尊翁為法界老友，錢院長近日去看過梁先生兩次，堅請主持近史所，梁先生允予考慮。沈公也談到所中人事複雜，恐難相處，而福特基金將要結束，經費有限，同仁生活將面臨困難，如何約束使安心研究實成問題。為梁和老計，以望八之年，再跳火坑，能與後輩相安無事固好，否則恐得不償失。但是沈公又自謂長於調和，顯有出山相助之意。又說，梁和老過渡一個時期，即委王聿均先生為副座，然後予以扶正。1971年3月25日，錢院長請秘書主任萬紹章先生向三公

（王聿均、黃嘉謨、李毓澍）疏通梁和老出任所長事，乃在所中傳開。到了5月11日，所中15位同仁，為催生新聘所長，再上書錢院長，對三公在所中之作為，予以嚴厲譴責，認為要：「結束本所之混亂，應防止少數人橫肆把持之行為。根本之計，莫如早日聘請德高望重者繼任所長，主持整頓。聞院方對此已有所安排，其所以遲遲不能發表，似又因本所少數人之阻撓。」錢院長遂聘梁先生為所長。7月1日，新任所長梁敬錞到任視事。7月7日，其由商務印書館排印之《史迪威事件》託我代為校對，不久即告出版。

梁所長到所後，所中不僅沒有平靜下來，反而鬧得更厲害。因為梁先生生於清光緒20年（1894），這時已高齡78歲，其想法、做法，都和時代脫節，大家認為其官僚習氣很深，引起所裡中生代同仁的很大反感，所務更加紊亂，人事鬥爭非常嚴重。1972年6月，為了無緣無故給同仁考績打丙等之疏失，使同仁的權益受到很大傷害，頓使所中譁然。1972年7月17、18日，舉行了兩天的所務會議，討論16位同仁簽名之十項革新所務案。這項改革所務方案，大致要為升等、考績定一個合理的標準。在會中爭執甚烈，幾至動武，乃改開談話會，推我擔任紀錄，砲口一致反對梁所長。梁所長乃請假，於8月6日赴美，由王聿均先生代理所務。至1973年8月1日，即由王聿均先生接任所長。註3

1982年2月1日，再聘梁敬錞先生為近史所特約講座教授，梁先生於2月15日自舊金山抵台，這時我已調兼秘書主任，奉命安排接待事宜，國民黨中央黨部、外交部及中研院分別派人去接機。其來台之頭等機票，也由中研院負擔。凡此，都可看出他與政府高層的關係。

1984年3月16日，梁先生病逝台北。總統府第三局電告，總統府不便出面治喪，我答以本院義不容辭。3月28日出殯，蔣經國總統致送奠儀10萬元、殮葬費5萬元。可見梁先生出任近史所所長，不盡是與錢院長的關係，最高當局亦對之禮遇備至。

應邀協助院中行政工作

　　1972年7月15日，中研院舉行第10次院士會議，秘書主任萬紹章先生因為秘書組人手不足，而院士會議工作十分繁雜，所以臨時拉我去幫忙擔任會議紀錄。這本來只是臨時的幫忙性質，不料竟成了一件推不掉的工作，一直到1980年7月的第14次院士會議，都成了當然的紀錄員。以錢院長批公文之仔細、記憶力之強，大概對我所作的紀錄還算滿意。由於擔任院士會議的紀錄工作，對院務的了解也比較多些。後來調我兼秘書主任，可能與任紀錄有些關係。世事之演變，真是令人難以預料！

　　1978年6月9日，為中研院成立50周年院慶，院裡決定編一本院史。我奉命負責撰寫自成立至抗戰爆發，即1927-1937年部分，院長室秘書那廉君先生負責抗戰至復員時期，萬紹章主任則撰寫1949年遷台灣部分。我又奉高化臣總幹事之囑撰寫〈蔡元培與中央研究院〉一文，作為50周年院慶特刊之附錄。我應邀協助院中這些工作，雖然沒有和錢院長直接打過交道，可是他一定都知道。

撰文為中研院辯白

在1977年4月間，由於市民吳瑞德投書監察院，指責中研院內部不健全，立即引起了學術界及社會一般人士的廣泛注意，報章雜誌更從不同的角度予以嚴詞批判，認為「這個樣子的中央研究院，非改革不可！」有些指責，在遣辭用字方面，甚至到了令人不忍卒睹的地步！自中研院成立將近半個世紀中，是首次受到這樣猛烈的攻擊。

當時《中國時報》跑文教新聞的記者吳文建先生，知道我的研究工作與中研院的歷史有關，特來採訪，並希望我針對當時的輿論有所回應。於是我寫了一篇〈我所知道的中央研究院〉送《中國時報》新闢之讀者論壇，為表示立場客觀，假託某大學教授名義、以筆名「德亮」於6月6日刊出。我在文中說：「在此一片批評聲中，言者固然理直氣壯，但對中研院的情形，似乎不夠了解。」乃說明中研院同仁默默的工作情形，大多只問耕耘，不問收穫，亦不求人知，這種好學敬業的精神，不容一筆抹煞。再者，由於旅居海外的少數院士曾赴大陸訪問，或發表對中共好感的言論，乃有「叛國院士」的說法，輿論界「開除」及「院士任期制」等外行話的呼聲，甚囂塵上。我也在文中有所辯解：

> 「院士暨為終身名譽職，除了第一屆的院士外，以後的院士都是由院士選出來的，各院士都有自己的工作崗位，既不佔中研院的缺，又不在中研院支薪，該院如何來約束他們？怎

樣開除法？由誰來開除？開除後有什麼後果？筆者不敢妄參末議。如說改為任期制，恐有商榷的餘地。持任期制的理由是：院士在某學科方面雖有高度成就但如不繼續鑽研，可能過一段時間後，要為後進所超越。筆者以為學術是一直在進步的，後進利用前人已有的經驗和成績，可以免去前人在研究過程中所枉費的精力和時間，再加鑽研，其成就能超越前人，是應該的，也是必然的；否則，人類不就永遠沒有進步了嗎？若因此而改為任期制，對保有此項榮譽的學人，不僅沒有精神鼓舞作用，恐怕還有相反的影響吧！」

這篇文章，相信錢院長很容易就查知是我寫的，並對這次「仗義執言」，也一定留下了印象。

1977年5月10日，報載錢院長辭職，嚴家淦總統慰留。11日上午，有些同仁去慰問錢院長，錢院長則說並未呈辭，惟因年事日高，無力向外界澄清。稍後我曾向在中央黨部張寶樹秘書長辦公室工作的莊學長惠鼎兄求證，他說錢院長不僅辭過，而且辭過三次。其辭職的原因，乃係因為《中央日報》數度發表批評中研院的文章，《中央日報》的地位，不僅是代表國民黨與政府發言，且被認為是最高當局每天的書面發言人，其動見觀瞻自為大家所矚目。錢院長大約認為《中央日報》之文，是最高當局授意的，不能不辭。實際上，蔣經國主席認為《中央日報》之批評中研院，乃自失立場，深表不滿。所以錢院長每辭一次，張寶樹秘書長即代表蔣主席慰留一次，並指示《中央日報》不得再登。可是該報仍不理會，最後一文且謂得楚崧秋社長同意

始發表。又牛滿江、丁肇中兩院士被鄧小平接見事,他報皆不見,獨
《中央日報》發布。諸如此類,蔣經國主席乃條諭:「中央日報楚崧
秋同志另有任用,應予免職,社長由曹聖芬同志暫代。」後來,楚先
生接受中研院近史所口述史訪問時,曾談到「奉命辭職」的經過,可
以參閱。[註4]

調兼秘書主任

　　1980年8月1日,我升任研究員,多年來的身心壓力,頓感輕鬆
一些。乃於1981年7月16日參加太平洋文化基金會與青工會合組之歐
洲文化參訪團,赴歐旅遊,作為對自己的一點慰勞。歷時三十天,
於8月14日返台。17日,院長辦公室那廉君先生電告:錢院長明天上
午約見。18日上午十時,依約準時到達院長室。錢院長先垂詢歐洲
之行的情形,繼切入正題,謂秘書主任萬紹章先生八月底屆齡退休,
擬調我兼任秘書主任。因為事太突然,諦聽之下,頓感手足無措,連
忙懇辭。自忖甚少接觸過公文,真可以說是一竅不通,而秘書主任一
職,乃是全院公文的「集散地」,千鈞重擔,怎能挑得起?答以責任
太大,且不諳公文程式,無法勝任,請另行物色適合人選。院長謂現
在公文格式已經簡化,沒有什麼難處,只要稍加用心,即可熟悉,並
略告如何寫法。又謂此職首重人和,協調溝通,不能與人爭吵,認為
我最合適。答以我的山東脾氣,一旦發作,將不可收拾,絕非適當人
選。院長謂人總得有點個性,不足為慮;又說曾看過我寫的文章,謬
許文字不錯,且對本院歷史素有研究,實為最佳人選。我說平日為

文，與公文不是一體；對本院之研究，亦限於早期，至於目前情形，並不甚清楚。並搜索枯腸，尋找各種理由說難以從命。可是院長仍是那句話：你可以做。並說我是他第一優先考慮的人選，否則即不會先約我談了。遂請萬紹章先生來共商。萬先生也幫助院長代勸，謂有任何困難，他願隨時相助，毋庸為慮。院長謂此事係與高化臣總幹事、萬先生三人熟商已久，不必再辭。我說研究工作皆未告一段落，升等的專刊亟須修改付印，又參加了教育部主持的中華民國建國史之撰稿，且已與三個小組簽了約，並先支領了一半的稿費，要在本年底繳稿，深恐無法善後。院長說晚上仍可繼續從事研究工作。可是晚上如何到圖書館找資料？在心理上完全沒有準備的情形下，再也沒有推辭的理由了。院長的殷殷至意，實在不好再行峻拒。（後來方體會到其磨功之厲害）乃謂承院長及萬公錯愛，十分感激，怎奈能力有限，勉允暫兼；惟請繼續物色人選，早作接替。院長說不能存此心理，否則就做不好。我又提出可否半日在秘書組半日回所？答以可與高總幹事相商。

萬先生即陪我去看高總幹事，高先生一見面就說老校長借重，萬先生大力推薦，如何能辭？答以實在難以勝任，如所擬之稿，似通非通，鬧了笑話，個人丟臉事小，如何對得起院？高先生知大事已定，乃直謂此係盡義務，沒有權力之事，僅月支特支費6000元而已；又云研究工作已做過多年，再歷練一下行政工作，亦為難得的機會。我生平向不會拒絕人，惟有搖頭苦笑而已。後來接到吳相湘師函，謂我之個性適合任秘書工作，且可從中吸取一些經驗，了解事情轉彎抹角的奧妙，對治學相當有益。我也曾自我檢討，一向對處理別人的事，總是認真負責，對自己的研究則多放在最後的順位，似乎也宜於從事

案牘勞形的行政工作。錢院長的這項任命，使我一下子由研究轉入行政，作了非常大的改變。

自調任命令發布後，同仁相見，除道賀外，感到在態度上與往常不太一樣，似有「另眼相看」之意！且有戲言請予提拔，可為臂助。有的向我述說工作上的不如意事，有的為我分析各單位主管之背景、派系、人脈、人際關係，形形色色，不一而足。更多的則是對行政工作效率的批評、期許，盼予改善等。初次體會到了官場中新官上任的人情壓力，深感責任太大！

9月7日上午到秘書組了解業務，萬公正式介紹與組中同仁見面。又說秘書主任之缺，高總幹事想在院外物色，錢院長反對，他乃推薦由我接任。萬先生說，也有人想爭取此職，院長均不予考慮，僅認定我一人最合適。直至1988年5月，我擺脫了秘書主任兼職後，高先生於19日電話慰問說，當初雖係萬先生推薦我，他也是贊成的，因而使我受了六年多的罪，頗感過意不去。

接到兼秘書主任的聘書，任期是自9月1日生效，但另件公文，則訂於9月16日交接。萬先生告訴我，所以定在16日交接，係院長有意多送他一個月薪水。院長之宅心仁厚，由此可見一斑。我尚未接任，已先上了待人之道的一課。9月16日到秘書組，開始從事完全陌生的行政工作，萬先生再留院十幾天，隨時給我指導。首先接手的是編印漢學會議論文集事，去年8月舉行的會議，論文集尚未印好，而經辦之同仁適屆齡退休，有人想以此拿喬來為難我，所幸印刷是我在行政工作中唯一不大外行的事，沒有難倒我，順利通過了考驗。

學術與行政的兩難

中研院是個學術機關，一切以學術研究為主，所有的行政工作，自然也都以支援學術研究為首要。可是在實際工作中，主持學術與主持行政者，常有不同的意見。我以研究人員去兼行政工作，對於兩方面的立場和難處，有深刻的體會，並且能充分理解。例如1981年，有立法、監察委員介紹研究人員到近史所工作，呂實強所長按正常程序交付審查，因為審查評語欠佳而婉拒。高總幹事與呂所長因此而有些不快。站在高總幹事的立場，立法委員可影響全院的預算，不能不斟酌應付，希望各所能協助安插；可是站在所的立場上，爭取一個名額實在不易，不能不延聘條件優秀的，以提升研究水準。雙方各有自己的衡量，但都沒有錯。最後，高總幹事還是為了研究水準，不惜開罪立、監委，尊重所裡的決定。立法院審查預算時，委員們質詢各單位首長時，有時用語尖酸刻薄，極盡羞辱之能事，我看到過錢院長為應付預算的審查，前一天中午，利用午休沒有公事時，關起門來繞室背誦口頭補充報告稿，為爭取預算之壓力，亦非研究人員所能想像。又如吳大猷先生在任科導會主任委員時到立法院，被質詢的不耐煩了，即大發脾氣說只聽老總統（蔣中正）一個人的，其他人一概不理。說完即拂袖而去。在威權時代，委員們也就算了。可是到了1987年4月1日，吳院長為準備明天立法院的質詢，因有民進黨委員加入也急得冒汗。曾自詡為天不怕、地不怕的人，為了院的預算，也不能不有所顧忌。

1982年3月底，有一副研究員要到洛杉磯開會，會後再到波士頓停留兩周，然後取道倫敦回台，向院裡申請全額補助各項費用。那時

院裡編列出國開會的費用並不寬裕,錢院長批只能補助開會期間的費用。緣該副研究員新婚未久,頗有藉機去環遊世界度蜜月之嫌。他的長輩為立法委員,即到錢院長公館拜訪,要求予以全額補助。錢院長對此無理的要求,頗感為難,終因為時間實在不巧,4月3日就是立法院審查本院預算的日子,在此當口,怎能不顧及全院的預算?一為公平原則,一為現實利益,經再三衡酌後,不得不改批照准。4月3日,是我首次到立法院參加預算等七個委員會審查72年度中央政府總預算。在開會前,我看到那位副研究員的長輩,先到會場向錢院長道謝,然後就離開會場。我想,若是錢院長沒有批准其兒子的出國費用,在質詢時,其炮火將毫不留情。使我見識到了立法委員見官大三級的真實情形。

近史所聘副所長案

　　1979年8月1日,王聿均先生所長任期屆滿,因為下任所長人選,高總幹事支持李毓澍,王聿均支持呂實強,相持不下,故遲遲不能發表。直到8月16日才聘呂實強先生接任所長。個中曲折,高先生於1982年5月11日向我談及,最後王聿均請劉廣京院士向錢院長推薦三人:呂實強、王樹槐、張玉法。劉廣京為前台大歷史系系主任劉崇鋐之侄,劉崇鋐與院長有舊,乃照劉廣京的意思聘呂實強為所長,於1979年8月16日就任。翌年1月30日,呂所長左眼因視網膜剝離開刀,請張玉法先生代理所務,他認為玉法兄是最佳副所長人選。呂所長之任期至1982年8月15日滿3年,8月12日批續聘一任。不料20

日，其右眼視網膜也有剝離之兆。上次接所長未久即患眼疾，今續任又患眼疾，真是巧合！他於23日住院，又請玉法兄代理所務。至9月29日，即簽報請聘玉法兄為副所長。公事送至高總幹事處，又電話報備，高先生囑先向錢院長報告，乃將報告撤回。11月3日上午，錢院長約呂所長談副所長人選事，呂推薦玉法兄。錢院長再問有無其他合適的人選？呂以我對。錢院長説，總辦事處其他主任皆可常換，惟秘書主任不能輕言換人。乃再問其他人，呂説已無第三人可資推薦，如所推之人不能合作，則不如自己作還好。錢院長笑笑。談甚久，沒有具體結果。錢院長對各所人事十分慎重，表面上雖廣徵意見，實則早已成竹在胸，一經決定，不會輕易改變。他所以遲遲不決定人選，非有意在拖，實因高總幹事有不同的意見，認為正副所長皆出身師大不妥，故未便即作決定。11月10日上午，錢院長召我談近史所設副所長事，謂向不注意人之出身學校，更不在意台大、師大之分，只注意其最高學歷及能力。外國著名大學，多不用本校畢業生，如哈佛用伊利諾化學系畢業生，伊利諾則多用哈佛畢業生，如此可吸取他校之長以補己校之不足。又説自己為浙江人，但不能説浙江話，所以也沒有同鄉及省籍觀念。在主持台大校政時，曾用過許多非台大人為院長、系主任。但高總幹事頗注意出身何校，認為近史所不應老是由師大人擔任。錢院長曾勸呂所長推薦三人，而呂堅持不肯，因説高、呂兩位都太固執。我説山東人都很固執，包括我在內。錢院長又説可否不設副所長？等呂所長任滿後，逕聘張玉法為所長如何？答以原無不可，惟呂所長雙眼都動過手術，視力甚弱，處理公務至感不便，非有人相助不可。現在所中重大事情，他皆託王聿均、王樹槐、張玉法三位先生

相助，但三人皆師出無名；如有副所長代為處理所務，所中同人也就無話可說。錢院長即為呂所長借著代籌：推薦三人（上次呂所長只肯推張玉法與我二人，而高總幹事明言知我為不可能，藉以充數；錢院長則言秘書主任不能常換，不能為解決近史所問題而製造秘書主任問題），各述其長、短處，第一人短處少而小，且強調能與之配合，後二人之短處多說些，如此可符合總幹事要求推薦三人之意，院長則可圈第一人，三方面皆顧到，豈不圓滿！但此意錢院長不便直接告訴呂所長，囑我轉達，並勸呂不要再堅持只推二人。這番話非常坦率，且明言不欲拖延，係為儘速解決問題而不傷高總幹事之顏面。由上述可見其重視高先生意見之一斑，小事儘可遷就，大事則以曲線堅持己意。

當天晚上，我去看呂所長，轉達錢院長交代的話。他說他決定推薦三人，依次為張玉法、我和王樹槐，因為已經知道了錢院長之底牌並深具誠意，自不便再堅持只推薦兩人。其簽呈逕送錢院長，錢院長於16日上午批所推三人以張玉法先生為宜。批定後再會高總幹事，高總幹事簽註「既已指定，敬閱」，氣憤之情躍然紙上。即交人事室發聘。周折多日之副所長案，總算塵埃落定。我即電告呂所長，他即轉告玉法兄，回想此事之曲折，他說真想痛哭一場！下午，高總幹事來我辦公室，拍拍我肩說：「原想請你回所去作副所長，錢院長仍指定張玉法，其實張玉法也不錯，只是你又要在此辛苦一陣子了。」我只是笑笑，沒有接腔，真的不知道該說什麼！11月18日舉行院務會議前，錢院長跟我說：呂所長太固執了，不應該推薦王樹槐和我，如果照他的慣例先會高總幹事，高總幹事可能會建議聘王樹槐或我為副所長，將造成處理上的困難，故先指定張玉法，再會高總幹事。為達成

呂所長推薦張玉法之願望，亦即尊重所長的意願，不得不這樣做。12月18日，周天健先生告訴我：高總幹事日前對他說，幾次要退休都是真的，唯9月24日與我爭吵後所簽之退休，純係姿態，意在逼我離開秘書組，並聲言陶在高去，或留高去陶，以此向錢院長攤牌。結果錢院長並無逐陶意，高先生很不高興。適近史所報設副所長，高極力主由陶擔任，則可達到逐陶目的，怎料錢院長不同意，才有不徵高同意而逕聘張玉法以堵其口之事。個中曲折，當時我懵懵懂懂，因為問心無愧，故處之泰然，未料竟是這樣波濤洶湧，而我已無端被捲了進去。及真相大白後，思之猶不寒而慄！

錢院長與高總幹事

高化臣先生於紀念錢院長〈高山仰止〉文中曰：

> 「我與錢思亮先生相識三十年，辱蒙不棄，先後獲有機會追隨服務逾二十載。深仰其謀事忠誠、立身廉介；而於我個人愛顧之殷、相知之切，更令私衷感愧不已。」註5

1953年，錢校長聘高先生為法學院教授兼總務長，1970年6月，錢先生出任中研院長，再聘高先生擔任總幹事（至1990年1月修改組織法，方改總幹事為副院長），於11月到任。他們兩人共事很久，關係應該很好。但據我調兼秘書主任後的觀察，兩位在晚年相處並不很愉快。綜括高總幹事對錢院長的批評：為正人君子，非常好，惟性多疑，故大

小事皆要過目才放心；由於對小事太仔細而無暇考慮大處；過於重視院外瑣事而疏忽了院內大事；只圖守成，不求開展，處事太慢。1982年5、6月間，錢、高兩人對很多事的意見都不一致，我夾在兩大之間，頗感難以適從。他們不愉快的情緒逐漸表面化。例如1982年5月11日，舉行第十一屆評議會第四次會議決定院士候選人名單時，為了電視臺記者在場採訪事，錢院長十分生氣，請記者馬上離開會場。高先生認為讓記者拍一下會場的鏡頭，為我們報導一下是件好事，只要不將得票數及名單洩露即可；可是錢院長執意不允。氣氛已有點僵。及宣布開會後，先由院士籌備會分組召集人報告被提名人資格審查結果，報告完後，高先生囑我宣讀綜合審查結果，即同意分組審查之結果。這完全是正常的程序。我剛站起來要讀，錢院長即怒目而視，責以宣讀什麼？我還不知是什麼事即擅自宣讀！我為準備開會諸事，已忙累不堪，現在無緣無故被當眾責備，心中自然不是味道，即憤然坐下，不發一語。可是高先生並沒有看見這一幕，見我坐著不動，也責問我為何不宣讀？我的山東倔脾氣發作了，自知在這時說話，一定會有所頂撞，所以仍然不發一語。會場空氣一時陷於沉寂。稍停，錢院長覺得有些不妥，都僵在那裡也不是辦法，可是他也不知道該如何進行，乃輕拉我手臂，溫語問究竟是要宣讀什麼？我立即對自己的倔強感到歉意，乃據實以告，並找出原紀錄給他看，他看完後始請我起立宣讀。錢院長曾說過，他深知選院士的過程太複雜，每次開會前一定要溫習數遍，今竟不知所措，顯然是健康已出了問題。

錢院長的心臟有擴張現象，導致其情緒不穩定。這些日子批公事，以他那麼仔細的人，竟然出現僅寫「閱」字而未署名的情形，足

見精神不濟。高先生的心臟也不好，裝了心律調整器，所以脾氣也越來越大。在1982年6月24日舉行該年第二次院務會議時，不料高先生不知為了何事，竟首先發表長篇訓話式之言詞，謂總幹事非副院長，乃承院長命辦事等，大發牢騷，有些話已到了不堪入耳的地步，一面大吼，聲震屋瓦，一面手擊桌面，慷慨激昂，旁若無人。說畢請院長裁決。全場為之愕然！這已經不是平素謹守分寸的高先生了。錢院長見不可理喻，不贊一詞，即進行下面議程。

1982年7月19日，第15次院士會議在蔡元培館開幕，這是中研院兩年一次的重頭戲，錢院長特別勞累，連日睡眠太少，快要支持不住了。7月21日全天討論議案。上午分組討論時，我先安排數理組院士在沙發處討論，後來移至餐廳，未及報告錢院長。及錢院長宣布時，我即請更正，錢院長很不高興的說，以後如有變更，應先告知，以免立即更正，予人以主席糊塗之印象。說罷台下院士們大笑。我以為此係瑣屑小事，在嚴肅的會議中一個小插曲，一笑置之。可是高先生馬上表示不滿，即對錢院長說，你領導有方，都是我和工作人員無能。錢院長立即臉色大變，非常難看。我怕發生意外，馬上勸請不要介意，旋再勸高先生不必生氣，小事過去就算了。高先生說，我們千辛萬苦費心安排，全為院長一人，伺候的太好了，不但無半句安慰之語，稍有差錯、即呵責立至，是可忍孰不可忍？吾等也有人格，豈能容其在大庭廣眾之下如此侮辱？我私忖：高先生不也是常犯這樣的毛病！相信很多所長都有被高先生當眾呵責過的經驗。

7月23日，錢院長陪院士南下參觀。27日回來後，面部微腫，說話即流口水，因為連日應酬不斷，實在是太累了。這時忽有更換院長

的傳言。江才健在〈有尊重才有學術發展——由院士會議談中研院的問題〉一文中說：

> 「中研院整個形象的塑造，還是與負全院領導推動之責的院
> 長，有直接的關係，……目前的錢思亮院長由於較為保守妥
> 協，使得中研院難有更上層樓的動力。前些時日更聞總幹事
> 因故無法擔任副院長職位，憤而出國之事，此種以國家研究
> 最高機構名位來酬庸的作法，適足使其自貶身價而遭人輕
> 蔑。」[註6]

高先生認為：錢院長為閥閱世家，三個兒子俱有成就，而其本人素有清望，當局也要借其金牌裝綴門面，國家培養一位這樣的人物不易，不會輕言更換。至於高先生是否真為無法擔任副院長而鬧情緒？我則無從論斷。

2006年，台灣政界人物為了炒作選舉，爆發出機關首長特別費問題。特別費多被視為首長的私房錢，在實務運用上，則衍生了若干謬誤。據審計部查核報告的解釋：「特別費係作因公招待餽贈之需」，即不論是何種招待或餽贈，都必須是「因公所需」，不許首長作私人用途、慷公家之慨。據我所知，錢思亮院長和高化臣總幹事的特別費，絕對分文不入私人帳戶，除了因公開支外，餘額均另存專戶，每逢過年過節時，即由總辦事處各主任具名領出，分給總辦事處同仁，聊表慰勞之意！其廉潔之風，在當時被視為當然，不以為意；現在想想，真是多麼難能可貴，令人益增敬佩！

總幹事換人：高退、韓繼

　　高總幹事自到院後，前後共辭過十次。每有不愉快，即萌生退意。其辭呈多由周天健先生代筆；而錢院長之慰留函件，也都由周先生擬稿。周先生數度對我談起擬稿經過，頗為有趣！

　　高先生最早的一次簽請退休是1974年8月1日，係因為心臟病迄未好轉。錢院長即函請「勉抑去思，共濟艱難。」1976年10月28日，高先生又以任總幹事屆滿兩個任期，再簽請辭職。錢院長復以：「總幹事職務並無任期，仍懇始終賜助。」到1981年年底時，高總幹事為了退休事曾與錢院長拍案曰：「退休並不犯法」，但仍予以慰留。1982年11月29日，高先生再以「年事已高，且心臟病日趨嚴重，心律極為不整，隨時均有突發猝死之虞，遵醫囑應即作長期療養，委實無法再追隨左右承命辦理繁重之全院行政業務，迫不得已，故據實掬誠十度申請退休，以全餘年。敬祈垂念微勞，賜予恩准，並自七十二年〔1983〕元月一日生效。」他與錢院長自上午十時許一直談到下午兩點，所提「隨時均有突發猝死之虞」的理由，錢院長實在不敢再強留了，乃於11月30日批：

> 「高總幹事曾數度依法提請退休，經本院先後辦理延長退休期限懇留後，承高總幹事繼續匡助至今，曷勝感佩。茲據示健康情形較前嚴重，醫囑靜養，不得已惟有勉從高總幹事之意，同意辦理退休。」

這天下午，高總幹事召談甚久，向我述說得病經過，謂這次罹患心律不整，係數日前為徵收土地案被承辦人氣的。他說，錢院長也是多病之身，有糖尿病、高血壓，所以脾氣很壞，但在辦公室中，遇事則強忍，對於病體十分不利。

在核准高總幹事退休後，角逐此職位者大有人在，用各種方式、管道打探消息者不斷，有一位學術界熱衷名位的名人，認為自己入選的可能很大，聽說在研究室內，抓耳撓腮，繞室走動不停，焦慮之狀，令人發噱！甚至有某大學一位院長來函毛遂自薦。

12月17日，是農曆11月13日，為高總幹事的生日，錢院長交下聘韓忠謨先生為兼代總幹事，塵埃方告落定。錢院長召我去，囑趕辦報總統府發聘之公文，並告訴我遴選總幹事的經過，他說：韓忠謨先生為總統府有給職的國策顧問，馬秘書長紀壯初堅持韓先生之薪水在本院支領，總統府可空出一個名額補其他人；錢院長經與韓先生商，他堅持仍在總統府支，國策顧問的待遇可能比本院要高，否則他不接任兼代總幹事，遂決定仍在府支。特別囑咐要在報府公文中敘明。

錢院長又說韓先生的優點：非常清廉、法律常識豐富、人很嚴肅，但不會當面令人難堪……。缺點為對院中情況缺乏了解，各所對他不熟，希我多予協助，並聽聽我的看法。我說，清廉乃所有公務人員應具備的條件，而總幹事也不必非懂法律不可。錢院長即以本院土地被人侵佔，打官司竟然敗訴事為例，說明聘懂法律的人為總幹事的重要性。我說打官司要請律師，高總幹事也是法學院教授，但仍需請律師出庭；這次敗訴，是所請律師過於軟弱，與總幹事懂不懂法沒有太大關係。我說總幹事的職位，關係全院之發展甚大，五年計畫現已

進入第二年，如期滿仍無具體成績，將無法面對外界的批評。錢院長聽了我的意見後一臉茫然，意為已經談妥，不能更改了。我也無意要他換人，只是遵囑述說一下個人的看法而已。

錢院長之所以聘韓先生，我後來才知道他們兩位之尊翁，也都是在上海法界服務，乃世交，錢院長自在台大校長任內，就對韓先生多方予以提拔。又據那廉君先生說，韓先生之答應來院，實為出一口氣，因為已經到手之台大校長職位，被林紀東教授在報紙上的一篇短文反對掉，心有未甘，經高總幹事向錢院長建議力邀以自代，韓先生立即答應。了然於他來院既然只是為了出一口氣，並非真要全心全力幫助錢院長為中研院做點事，那麼對於他日後在院的許多做法，也就有了一個比較可以理解的答案。我與韓先生共事五年多，在公務上接觸頻繁，可以有近距離的觀察和了解，我認為他不僅沒有幫錢院長什麼忙，也沒有幫吳大猷院長什麼忙，亦即也沒幫中研院什麼忙！這不能不說是錢院長用人的一次失敗！中研院的五年發展計畫正要開展，亟需一位精明強幹的副手協助推動，韓先生顯然不是一位適當的人選！

1983年1月4日上午舉行團拜，錢院長準備了一個紀念品送給即將退休的高總幹事，上書「幹濟功宏」四個字，取自易‧乾：「貞固足以幹事」（言君子能堅固貞正，令物得成，使事皆幹濟。）高先生預料會在團拜時送他紀念品，故意不到會，也不接錢院長電話。錢院長說：「高先生之為人，有時太周到，有時則太不周到。」由這一句話，充分表露出兩人共事多年，彼此相知之深！

最後一次出國及病逝

1983年1月19日，錢院長榮獲其母校伊利諾大學1983年名譽科學博士學位第一名，定於5月15日頒獎。伊大每年贈與傑出校友的名譽博士學位，其屬於中華民國國籍者，錢院長是第一人，這是一件極不尋常的事。錢院長很慎重的安排其行程：5月1日，接受西德科學研究基金會秘書長席祿博士（Dr. C. H. Schiel）和國際合作處處長魏有恆博士（Dr. Joachim Wiercimok）的邀請赴西德訪問，停留十幾天，然後轉往美國，先接受其母校伊大贈與的名譽博士學位，再至芝加哥、紐約、華盛頓、舊金山、波士頓等五個地區舉行海外院士座談會。此行仍由我實中在台大畢業的校友朱炎陪同。

出國前的準備工作，非常繁瑣，直到4月27日，其德國簽證才辦好。由於忙累不堪，所以脾氣也大了些。在這段時間，韓忠謨代總幹事並未替他分憂解勞，仍將例行不重要的公文都送呈院長批閱，不節省其時間、精力，顯然不是一個稱職的副手！

5月1日上午，我去機場送錢院長，見他拖著疲憊的身子出國。6月16日晚上八時許，搭乘華航班機返台，我去接機，他一臉倦容。長達46天的不停奔波，對一位76歲高齡的老人來說，一定是勞累不堪。陪同去的朱炎，年富力強，返台後躺了兩天才開始工作。令人不解的是韓總幹事竟馬上電告院長，說院中積案太多，請早日到院處理。院長出國，向由總幹事代拆代行，他竟以未獲授權為由，留了一大堆公事給院長，所以院長不得不於17日一早即抱病來院上班，沒能稍事休息。吳大猷先生在〈念錢思亮兄〉文中云：「六月廿日晨早餐會

中，驚見思亮說話疲乏無力，我大怪何人為其安排而無人勸阻這一個半月的行程。」[註7]我身為其秘書主任，自然難辭其咎；可是，這次的行程，完全是院長自己在默默安排的，他一生謹慎、周到、細心，仔細，連沿途搭乘什麼樣的飛機，都要調查得一清二楚。他的行程，不是我們所能勸阻得了的。對於吳先生的指責，我實在無詞以對。6月21日晨，錢院長一到辦公室即召我去談，我見他癱坐在椅子上，不發一語，雙眼發直，我問什麼事？他指了一指桌子上那高高的一羅卷宗云，我如何批？聲音沙啞無力。我見狀，知已倦極，實不能再處理公事，即與那廉君先生勸速回家休息，並請韓總幹事代批公事。22日，大小便失禁，經延醫到家診視，檢查結果，疑似腦血管意外，可能是輕度中風。下午即住入台大醫院。病情時好時壞，直到9月15日長逝！

7月2日，醫院通知，錢院長病情惡化，呼吸困難，已用氧氣。我即報告韓總幹事，他認為有不祥之兆，急令前天新買之交通車（車身藍白色）改噴較深顏色。並謂自己是來幫忙的，雅不願見有喪事發生。我驚聞其言，呆了很久，仍轉不過來他說的是什麼話！即與那先生趕至台大，護送入加護病房。院長雖然講話有氣無力，可是神智還很清醒，我推其病床進電梯時，因為與地面有點落差，便用力抬了一下床，錢院長急責其司機紀經總云，怎麼能讓陶先生抬？我急言無妨。人在重病中，尚能注意此細微末節，處處體諒人，尊重別人！真君子人也。我親身感受，所以印象特別深刻！那先生說，錢院長自夫人病逝後，變得易發脾氣，發脾氣時即勞累或不適之表現，唯發過後仍覺對不起人，即向人道歉。

7月19日，美國Rochester大學醫學院心臟科教授兼主任余南庚

院士特別自美國趕回來，與主治醫師李源德會診，謂7月2日那天為最危險的一天，現已穩定。余院士是一位學者，也是一位名醫，受聘為榮民總醫院總顧問，為專責照料兩位蔣總統健康之御醫，可謂名重一時。自余院士回台後，錢院長等於吃了一顆定心丸。直到9月4日，錢院長最疼愛的的長孫國維、孫女美端返回美國，他的心情不好，又進了加護病房。13日去看他時，仍在用氧氣，精神較前為差，談約半小時，眼皮即睜不開來。15日下午，病情轉劇，急救罔效，於六時四十分溘然長逝！

協助治喪

　　9月16日一早，即備函總統府，請派代理院務之人。第一局局長劉垕（厚予）電詢胡適院長過世時，為何不由代總幹事全漢昇代理院務？答以胡院長過世時全先生已出國數月，而接其工作之楊樹人先生，係以個人名義協助胡院長整理院中財務，並無代總幹事名義，故由資深之史語所李濟所長代理院務。又問王世杰院長辭職時，為何不由代總幹事李亦園而由化學所長魏喦壽代理院務？答以魏所長較資深，韓忠謨雖亦為代總幹事，但其輩份較現任各所所長為高（意即找一資淺的所長代理院務，將置韓於何地！）劉局長即說知道如何簽了。19日，總統府令韓忠謨暫代院務。

　　錢院長的喪事，雖然名義上是中研院主辦，實係由其長公子錢純（伯玄）先生全權作主，交由其服務之中央銀行同仁辦理，中研院居於協辦地位。韓代院長認為棺木、禮堂之花費要50萬元太貴，囑與錢

純先生面商。我唧命照實轉告錢純先生,他答以:「此係家屬之事,請韓先生不必多慮。」我雖然只是一個奉命傳話的人,這時也為傳這樣的話而感到有點難為情!深深體認到處理事情,什麼是該管的,什麼是不該管的,分寸的拿捏,輕重緩急,的確是不容易的。22日,在三軍軍官俱樂部舉行治喪會,請嚴前總統家淦先生為主任委員。10月3日出殯,安葬於陽明山墓園。這18天來,諸事蝟集,整日電話不斷,應接不暇,至是方可暫時喘一口氣。

　　1984年1月3日,到錢純先生家晚飯,商編《錢思亮先生紀念集》事,完全由他主持。3月13日,與那廉君先生和總務主任趙保軒去看台大所鑄錢校長銅像,都認為鑄的惟妙惟肖,當即決定加做一座。6月11日下午,台大錢校長銅像揭幕。9月15日,錢院長逝世周年,中研院舉行紀念會及銅像揭幕,嚴前總統家淦先生特來參加。錢院長的事至是方告一段落。距我我奉調到秘書組工作,已整整三年。

兩則感人的小故事

　　1990年2月20日,追隨錢院長多年的周天健先生,和我談了兩件他對不起錢院長的往事:

　　(一)周先生在台大服務時,因為生活拮据想要辭職,錢校長予以挽留,說深知其困難,也在設法為他謀點外快,有意向其時任經濟部長的內兄張茲闓在該部謀一顧問名義,仍在台大工作,惟尚未進行。談此事時,態度極為誠懇,令周先生十分感動。以後錢校長在中基會為周先生請到500元美金之補助,當時官價為1:40,黑市則為

50多元。錢校長將支票交給周先生時，切囑不要貪小便宜，一定要到銀行照官價兌領；如到黑市換，支票若流到大陸，中基會將要付出很大之賠償。500美元在當時是一筆很大的金額，周先生拿到後，消息不脛而走，有一同事即自願為他換黑市，周先生複述錢校長所囑之話以拒之。此人又二次來勸，謂差價太多，並保證不會流入大陸，周先生遂為利動，乃交其換黑市。數月後支票未回頭，中基會函錢校長查詢，錢問周，周有赧色，不得不據實以告並鄭重道歉。錢校長不忍深責而面現極度難過之情，蓋為寒士難過也。這時周先生已是七十歲的人了，在談及此段往事時，尚不禁飲泣，淚水撲簌撲簌的流下來，其感人之深，可想而知！錢校長本可痛責一頓，但這樣比痛斥的效果相差何只天壤！其待人之寬厚，由此可見一斑。

　　（二）周先生在台大時為兼任副教授，主辦行政工作，如能改為專任，則可申請國科會的補助，若能申請到，也是救窮之一法。錢校長愛其才，允向文學院沈剛伯院長談談。嗣因錢校長將赴美參加中基會之會議，而改聘之事迫在眉睫，如等他開會回來，則校中改聘之事即過期，周先生遂上書提醒允與沈院長一談之事，不料錢校長忙中有錯，竟批送沈院長惠示意見。周先生聞訊大怒，再上書大罵，責其不應將私函當作公事處理，如當初未允與沈院長一談，則不會上書提醒；並謂即使要改專任，也決不會在台大改，堅辭他就。錢校長接信後，鄭重向其道歉，說實在太忙了，習慣性的照其他處理公事的方式先請關係人惠示意見，致有此疏忽，萬望諒解等語。周先生至今思之，也覺得第二次上書過於孟浪；而錢校長之風範，真是一位寬厚長者，更令他感念不已！

選舉新院長

　　選院長是評議會的業務，由於評議會之秘書處並未完成建制，除了由評議員選出之秘書一人外，並無任何工作人員，連辦公室也沒有。該會的例行工作，向由總辦事處的秘書組兼辦。評議會秘書與總辦事處的秘書組，是兩個互相沒有隸屬關係的系統。由於評議會的業務輕簡，秘書組兼辦其業務行之有年，大家也就習以為常。但這次為了選院長的重大事件，代理院長和評議會秘書便在職權上有了意見。而我所處的角色，在行政指揮系統上是聽命於代理院長，但對選院長此等大事，也不可能袖手不管！

　　1983年9月16日，也就是錢院長病逝的第二天，評議會秘書阮維周（台大地質系教授）即電囑先分函院士、評議員報喪，並定期開評議會，選舉院長候補人。9月24日，阮先生擬訂於10月14或21日開評議會。韓代院長即和我說，阮秘書不能片面決定時間，應先與總統府聯絡，萬一所選非總統所屬意之人，責任太大。

　　9月27日，阮秘書又催開評議會，我於30日上午，帶著所擬之議程到台大地質系看他，商量開評議會事。阮秘書堅持10月21日召開，我說諸事蝟集，恐不及準備，且韓忠謨代院長有不同意見，可否逕與其商量一下？以免我居中為難。阮秘書即云：他應來看我或主動與我聯繫，我沒有與他聯絡之必要。僚氣十足！我靜靜的欣賞其說此話之神態，頗覺好笑！乃解釋韓代院長近日特忙，實無暇及此。阮秘書云，再忙也可打個電話。我說，韓代院長慮尚未得總統府指示，如所選不合最高當局之意，恐難負其責任。阮秘書說：開會通知發出後，

我即去總統府見馬紀壯秘書長，探詢府意，此事由我負完全責任，韓先生毋須顧慮。又交代我：評議會議長出缺，由秘書代行，故開會時秘書為當然主席，不必另推。我告以前兩次皆曾另推主席。他說，當時他年方52歲，資望不如史語所李濟所長，王世杰先生則示意推李濟為主席。言下之意，現在他已資深望重矣，當仁不讓。我即將所擬議程中推舉主席一條刪除。阮又云，院士會議規程第三條：「院士會議開會時，由中央研究院院長任主席，評議會秘書及中央研究院總幹事任秘書。」由排序看，評議會秘書的地位，也高於總幹事。他完全不從如何解決目前的重要問題、如何共同推行院務著眼，只是一味與韓總幹事一較高低、爭排名，殊覺無聊。談了一個多小時返院，將商量的結果告訴了韓代院長，韓云不必太遷就他，真準備不及即再延一周。他兩人互別苗頭，都端著架子不直接協商，心中似乎都有鬼！在10月3日錢院長出殯那天，阮維周即迫不及待的以秘書身分向民生報記者發布消息，謂評議會訂於21日開會選院長候補人。意在宣示選院長的主導權為他評議會秘書。

　　10月8日，韓代院長頭暈，將圖章交我代為處理公事。我建議去量一下血壓，他說不敢面對所量的數字，老毛病了，已自行服過藥。10月12日，我準備移交清冊，並遞辭呈辭秘書主任兼職，韓代院長批留陳新院長核奪。13日晚，忽然傳出美東地區24位院士，聯名推薦余南庚或蔣碩傑為院長候補人之消息。翌日上午，韓代院長即約我談，他認為美東院士此舉十分不妥。我答以院士關心院務，當然可以表示其意見，有何不妥？韓云，如所選非最高局所屬意之人，責任大矣。答以此係阮維周秘書之事，何必搶著替他負責？韓又云，我是代

院長。答以評議會由評議會秘書召集,非由代院長召集,阮秘書不來找你最好,由他獨負其責,何必多慮!15日中午,收到美東院士致韓忠謨代院長電報,我照韓之指示送阮維周,並依電文意見影印分送院士兼評議員之19人。此電報引起了很大的震撼,新聞界對院長候補人意見甚多,各報記者詢問的電話不斷。韓先生深怕電文外洩,甚為緊張。我認為這電文毫無機密可言,藉此聽聽各方面的意見,也是一件好事。

　　17日上午,馬紀壯秘書長約韓代院長去談,問評議會如此重大之事為何不報府?韓云,此為評議會阮維周秘書之權限,無權過問。馬問阮維周為何如人?秘書何來如此大權?韓出示中研院法規,馬方明白。決定令人傳話給阮維周:總統尚未決定人選,21日之會只能先就人選交換意見,不能當日投票,須另訂日期開會投票。18日上午11時,國民黨中央委員會蔣彥士秘書長召韓忠謨、阮維周、陳雪屏、李國鼎至中央黨部商開評議會事,對於21日是否投票,因尚未得總統指示,所以沒有商量出結果。20日清晨,我接到韓代院長電話,告訴我明日照常開會投票,囑備飯。及上班,又密告我,蔣經國總統希望吳大猷先生當選為院長候補人之一,囑我至各所長(當然評議員)及本院聘任評議員處分別傳達此一「聖旨」,希望大家支持。又接李政道、楊聯陞、鄒至莊、鄭洪、吳大峻、項武忠、韋潛光七位院士聯名電報,建議提名吳大猷、蔣碩傑為院長候補人。而東北籍立委金紹賢,則力荐嚴家淦、李國鼎為新任院長。由於連日各報競相報導,使得選情非常熱鬧!可是最高當局先期介入院長候補人之選舉一事,則非局外人所能了解。

10月21日上午，第十一屆評議會在近史所新建之圖書館三樓會議室舉行臨時會，選舉院長候補人三人。會議於9:40開始，我報告到會人數後請主席宣布開會。阮維周以評議會秘書身分起立說「各位先生」後，前任總幹事高化臣評議員即起立發言，謂根據評議會議事規程第三條：「議長因故不能出席時，由評議會推定臨時主席。」反對阮以秘書為當然主席，應推臨時主席。阮則照評議會處務規程第四條：「在舊任議長辭職或出缺而新任議長尚未就職之前以本會秘書代行議長之職」之解釋堅持代行議長之職，即代任主席。高則主張開會應照議事規程。兩人爭持約20分鐘之久，最後仍是採取公推主席結束討論。雖然公推的主席還是阮維周，但已確認了公推主席的規則，予阮以很大的難堪。阮自以為作了主席，便可控制會場，即可進入三名候補人名單，進而獲得總統遴任當院長。很多評議員對其一廂情願之想法，覺得過於天真！

第一次投票，吳大猷即以高票40票當選（共45票）。第二次投票，閻振興以23票剛過半數當選。第三次無人獲得過半數。第四次余南庚以24票當選。會後，韓忠謨才告訴我，蔣彥士秘書長傳達蔣總統的意思，除吳大猷外，也希望選出余南庚。[註8]至是，任務總算圓滿達成。24日，收到總統特任吳大猷為院長之公文，塵埃落定。回想1940年3月5日蔡元培院長過世後，評議會在選院長候補人時，因為「介公下條子」，引起評議員們極大的反感，遂使最高當局屬意之人落選，結果為中研院帶來很大的困擾。這次最高當局屬意之吳大猷先生，與評議員們心目中的人選相同，所以順利當選。這兩個案例，在中研院的歷史上，都應該留個紀錄。

2007年4月18日　完稿

【注釋】

註1：後來由錢院長批公文的態度、方式判斷，對於我那時所寫的報告，不可能不過目；而且提經校務會議通過，他也一定知道事情的來龍去脈。

註2：中央研究院近代史研究所口述歷史叢書（84）《郭廷以先生門生故舊憶往錄》，PP.59-60，張玉法先生訪問紀錄。2004年4月出版。

註3：錢院長病逝後，我商得其長公子錢純先生，將全部檔案文件移送近史所庋藏，我得以看到近史所同仁上書的原件。當年大家都義正詞嚴，爭得面紅耳赤，如今或已歸了道山，或已退休歸隱，回首前塵往事，當會啞然失笑！

註4：呂芳上・黃克武訪問，王景玲筆錄《楚崧秋先生訪問紀錄──覽盡滄桑八十年》，pp.115-117。中央研究院近代史研究所，民國九十年十二月初版。

註5：《錢思亮先生紀念集》，P.86。

註6：《時報雜誌》（周刊）第138期，1982年7月25～7月31日，P.22。

註7：《錢思亮先生紀念集》，P.74。

註8：據蔡作雍院士在〈生醫所建所早期歷程的回顧〉一文中云：「據側面了解，在此之前，大概是錢院長辭世前後，余〔南庚〕先生曾受最高當局之請求，回國擔任醫務，兼在中研院擔任重要專職，惟余先生最後考慮，以當時無法離開美國事業，只應允以隨傳隨到的方式回台應診及服務。」可為佐證。

吳大猷傳

（一九〇七～二〇〇〇）

一、家世與家人

　　吳大猷，筆名洪道、學立，廣東省肇慶府治高要縣人，光緒三十三年丁未八月二十二日（1907年9月29日）生於廣州。世代書香，名門高第，祖父桂丹（字萬程，號秋舫），光緒十五年（1889）己丑科二甲第十七名進士，[註1]兩年後散館，由二甲庶吉士升補翰林院編修，記名御史。育有子女各五人，依次為：長男遠基、次男國基、長女翊珊、三男（夭折）、四男綿基、次女敏珊、五男配基、三女敏墀、四女阿良（夭折）、幼女慕墀。國基為大猷的父親，光緒二十七年（1901）辛丑恩正併科舉人，[註2]改就西學，曾出使菲律賓，宣統元年（1909）奉派吉林省服官，不幸在宣統二～三年間關外鼠疫流行時病逝。時大猷年方五歲，由母親關嘉娥及伯父遠基撫養成人。

　　大猷為獨子，兩姊早逝，母親將全副心力都投注在他身上，從小在母親身教的薰陶

下，接受了嚴格的家庭教育，謹守教誨，個性拘謹，只知道老老實實的讀書，既守規矩，又非常孝順。1945年2月，在抗日戰爭結束前，他母親到一朋友家拜年，不料一架日機失事，撞入室中，他母親和朋友都受傷逝世。[註3]

1928年冬，大猷在南開大學初識物理系一年級的阮冠世小姐，倆人於1931年同船赴美，1936年9月6日在北平結婚。由於冠世體弱多病，故未生育，從弟大立將其兒子葆之過繼給大猷。葆之承歡膝下，並陪伴照料多病的母親。阮冠世由於健康不佳，求學的過程格外辛苦，但仍鍥而不捨，於1970年夏，獲得美國紐約州立大學生物物理博士學位。1980年12月2日病逝紐約，年72歲。倆人相交、相伴長達52年之久。大猷晚年在台，則由義女吳吟之照顧生活。嗣子葆之，於1972年獲美國普林斯頓大學生物化學博士學位。

大猷有從兄弟大業（後獲美國哈佛大學經濟學博士學位）、大任（伯父遠基之子，後獲德國漢堡大學數學碩士學位，

吳大猷院長
（任期：1983年10月~1994年1月）

曾於1961年10月任母校南開大學副校長，並於1983年以所著《微分幾何講義》獲全國優秀科技圖書一等獎）、大立（四叔綿基之子）三人，堂姊妹眾多，他於1987年自曼谷返台途經香港時，「得與三姊明韶，大任陳鶬夫婦，六妹明哲，七妹明瑛祖楊夫婦、八妹明忻慕容當夫婦，九妹明玖，大剛，及由台去的五妹明慧，葆之團聚……我一輩的吳家子女，除大業在美未克作長航來港外，均聚一堂，殊不易得也。」[註4]

　　1998年11月，大猷赴廣州領取「霍英東傑出終身成就獎」後，順道返高要老家一趟，是他自二十七歲離鄉後第一次回到故鄉。

二、求學階段

　　大猷從小受家庭環境的影響，認為唸書乃天經地義的事，唯一的目標就是唸書。宣統元年〔1909〕，因為父親工作的關係，舉家由廣東遷居天津。父親去世後，隨母回粵；民國二年〔1913〕，又隨母遷天津。1915年春，復南下留居廣州，入番禺縣立初等小學。1920年，高等小學畢業，考入廣州府中學（舊制），在校成績名列前茅。課餘則繪水彩畫，間亦刻石章，臨柳公權玄秘塔。

　　1921年，伯父遠基應旅津粵紳之邀，赴津創辦「旅津廣東學校」（中、小學），吳大猷及其從兄弟大業、大任及大立赴津，入南開中學舊制一年級，是決定大猷一生前途之機遇。

　　1922年，學校改為三三制，入初中三年級。1925年夏，讀完高二，以「同等學力」去投考南開大學礦科，以數學、英文、化學成績優異，獲錄取。1926年夏，礦科停辦，必須轉讀其他科系，他經考

慮後，於秋季改入理科物理系二年級。選習饒毓泰（樹人）教授所開「近代物理」一課，使他對物理開了竅並發生興趣，從此與物理學結下不解之緣。讀三年級時，在實驗課兼助教，每月十五元，有了錢便購買物理學方面的書籍，又修德文，並將手中之外文書譯為中文，養成一面讀書，一面翻譯的習慣，對了解甚有幫助。在南開時，他與大業、大任，成績都很優秀，因有「南開三吳」、「吳氏三雄」之美稱。他受益最多、也最令他懷念的老師是饒毓泰，當時，饒與葉企孫（鴻眷）、胡剛復、丁燮林（巽甫）、吳有訓（正之）、嚴濟慈（慕光）等，乃我國第一代物理學家。

　　1929年畢業後，即留在南開大學任物理系教員，授「近代物理」和「高等力學」，自己則研讀「古典力學」、「量子力學」甚勤，並曾於1930年秋在南開中學授高三物理。

　　1931年，以饒毓泰、葉企孫推薦，獲「中華教育文化基金董事會」（簡稱「中基會」）乙種研究獎助金。於9月初，偕阮冠世由津至滬，與錢思亮、張茲闓（麗門）同船經日本、加拿大至美國，入密昔根大學物理系，先跟隨系主任H. M. Randall教授從事紅外光譜實驗研究，將紅外光譜儀的直線狹縫改成彎形，產生直的影像，可增加鑑別率。這項發明，後被製造自動紀錄紅外光譜儀的工廠廣為採用。Randall教授為人簡樸誠實，對學系的發展，有遠見、有成就而毫不居功，他和饒毓泰是對大猷影響最大的老師。阮冠世則去紐約之Elmira女子學院就讀。1932年夏，大猷參加密大「暑期物理研討會」。1933年6月，僅短短兩年的時間，即以「鋼元素的探討」論文獲密大哲學博士學位，被選為「Phi Beta Kappa名譽學會」會員，又獲「中基

「會」乙種研究獎助金一年，繼續留校從事研究工作。

　　他在美國留學期間，中基會的獎學金，要供他和女友阮冠世兩人的費用，而冠世身體羸弱，醫療又是一大負擔，所以生活十分清苦。

三、教學與研究

（一）返國執教

　　大猷一生，孜孜不倦，大致上來說，從未離開過學校生活。1934年，他學成返國，應北京大學物理系系主任饒毓泰之聘任教授，先後授「理論物理」、「古典力學」、「量子力學」等課。結束了形式上純粹的求學生活，轉入一個無止境的求學階段。他一邊講課，一邊作研究，較此前之純粹求學更進一步。1935年，與饒毓泰、鄭華熾從事光譜方面之研究，建光柵室，作拉曼效應研究；撰有論文九篇。曾建議北大、清華、與國立北平研究院組成聯合物理研究會，每月輪流在三處舉行，開我國此類研討會之先河。

　　1937年7月，抗戰軍興，為避戰火，與夫人陪同母親由北平至天津租界二姑丈家暫住；9月，北大、清華、南開三大學師生集中湖南長沙，合組國立長沙臨時大學（1938年4月，遷校至昆明，更名為國立西南聯合大學，簡稱「西南聯大」）。大猷於25日隻身與饒毓泰夫婦、黃子卿（碧帆）、朱自清（佩弦）自塘沽乘船赴青島，夫人則搭另船，在青島相會，換乘火車，於10月3日抵達長沙。11月，往成都任四川大學講座教授。1938年秋，由蓉飛滇，任西南聯大物理系教授，先後開有「電

磁學」、「近代物理」、「古典力學」、「量子力學」等課。1939年
春，為慶祝北大創校四十周年，以英文所撰《多原子的振動光譜及結
構》（*Vibrational Spectra and Structure of Polyatomic Molecules.*）一書脫稿，這
在當時是此一領域中第一本完整的專著，由饒毓泰於夏間攜往上海付
印。同年，即以該書稿獲中央研究院（簡稱「中研院」）第一屆「丁文
江獎金」二千元。[註5]該書於1940年初出版。在當時困難的情形下，能
完成這樣一本專著，確屬不易，獲得國際同行的普遍重視。他為撰寫
該書，曾多次到中研院化學研究所搜集資料，是和中研院接觸之始。

1941年夏，將E. P. Wigner之《群論與其在原子光譜的應用》由
德文譯為英文。這時，他班上優秀的學生有楊振寧、黃昆、黃授書、
張守廉等，楊振寧在大猷指導下，對於對稱原理發生了興趣，完成了
學士論文，對其以後的工作有決定性的影響。

1943年，獲教育部的科學研究著作第一等獎，中研院天文研究
所以大猷曾發表過一篇關於日冕的光譜的理論，即聘為兼任研究員。
1945年8月，抗戰勝利。由於原子彈的震撼，軍政部長陳誠、次長兼
兵工署長俞大維，擬建立國防科技，邀大猷及華羅庚於12月由昆明飛
渝商談建立國防科技組織事。大猷所擬之建議為：

> 「我國人才缺乏，任何計劃，必須從根做起，即是(1)成立
> 研究機構，培植各項基本工作人才。(2)初步可派物理、數
> 學、化學人員外出，研習觀察近年來各部門科學進展情形，
> 擬一具體建議，計劃籌建一研究機構，並即時選送優秀青年
> 數人出國，習物理、數學等基本科學。」[註6]

陳、俞二人以為其由培育人才著手的建議可行，即請大猷、華羅庚、曾昭掄分別負責物理、數學和化學部門人才的選拔。大猷云：「此一緩不濟急之舉，卻培育出李政道、王瑞騹等五人，我個人亦獲晉修的機會。」[註7]

1946年夏，軍政部向北大、清華借聘吳、華、曾三人，遴選並率領資優青年學生赴美研習、考察，以兩年為期，並研擬國防科技發展計劃。曾所選為王瑞騹、唐敖慶（化學），華選出孫本旺（數學），吳選出李政道、朱光亞（物理）。人選決定後，大猷立即一面為他們加速講授「近代物理」，一面將美國詳述發展原子彈經過之「士邁士（Smyth）報告」（尚未公布，由美國交給我軍政部）分作五份，由五位學生譯為中文，大猷校訂後送軍政部。7月，曾、華率五學生由滬乘郵輪赴美，阮冠世隨同前往；大猷與周培源、趙元任，則應教育部長兼代中研院院長朱家驊之請，先代表教育部飛倫敦，參加英國皇家學會於7月15日補行之「慶祝牛頓誕生三百年紀念大會」，9月離英赴美，與曾、華等會合。在赴英前，朱家驊希望大猷就任中研院物理所所長，大猷擬利用軍政部借聘的機會，為政府慎擬科技發展方案，並藉機在物理學方面進修，故予婉謝。

大猷抵美後，即執行其任務，探詢美國協助我建立研究機構之可能性，將建議及報告寄回。由於國、共內戰日趨激烈，政府已不遑顧及長期性的科技計畫，實亦緩不濟急，乃於1946年11月，由國防部設原子能研究委員會，大猷雖於29日被聘為該會委員，但從未聞其計畫。[註8]

（二）出國講學與研究

　　大猷以李政道等五位學生，既已在美分別入學研習，軍政部所交付之任務，似已無形告終，乃於1946年冬出任密昔根大學客座教授，講授「分子結構」，並從事核子散射研究工作。1947年夏，任哥倫比亞大學研究員，兼授「原子物理」課。1948年3月26日，當選中研院第一屆院士。同年，在紐約大學兼授「量子力學」課。

　　1949年秋，因大陸情勢劇變，乃長期留居海外，適逢加拿大國家科學院（National Research Council）改新政策，增強學術性研究，乃應聘前往主持其理論物理組，開始其14年的加拿大階段。1954年夏，至哥倫比亞大學暑期學校講授「熱力學」課。1956年11月，應胡適、中基會及清華大學之邀，舉家來台就中基會講座，任台大物理系、清大原子能研究所講座教授半年，講授「古典力學」、「量子力學」、「流體力學」等。12月21日，獲頒教育部金質獎章。1957年4月29日，返抵加拿大渥太華；夏，被舉為「加拿大皇家學會」學侶（院士）。1958年秋，至美國普林斯頓高等研究所研究半年。1960年11月，至瑞士洛桑大學講學半年，講授「氣體運動方程的新發展」，1961年2月返加。

　　1962年，任中基會董事，被舉為美國物理學會會員，出版與日本東京大學大村充（Takashi Ohmura）合撰之「*Quantum Theory of Scattering*」（「量子散射論」）。1963年秋，離開加拿大國家研究院，至紐約布魯克林理工學院任研究教授。1964年夏，來台參加由台大、清大合辦之「暑期科學研討會」，講「氣體電漿運動方程論」。

　　1965年春，出席在華盛頓舉行之中美科學合作委員會會議；夏，再來台參加「暑期科學研討會」；秋，自紐約布魯克林理工學院轉

任水牛城紐約州立大學物理系教授；同年，任中研院物理研究中心主任。1966年秋，任水牛城紐約州立大學物理系主任（1969年辭主任職），出版在布魯克林所授《氣體運動論》「*Kinetic Equations of Gases and Plasmas*」（Reading, Mass. Addison-Wesley, 1966）。1968年出版《狹義及廣義相對論引論》（「*Introduction to the Special and the General Theory of Relativity*」，台灣中華書局出版）。同年12月17日，獲「嘉新水泥公司文化基金會」第二屆特殊貢獻獎，獎金二十萬元。1973年，校閱李約瑟（Joseph Needham）《中國的科學與文明》（「*Science and Civilization in China*」）譯稿，兼譯「物理學」部分。1977年夏，往南韓慶北大學講學一週，題為「統計力學的新發展」。

（三）來台定居後的活動

1978年5月，大猷自紐約州立大學（水牛城）退休，偕夫人返台定居。1983年1月，應邀往西德、新加坡訪問、講演。11月1日，就任中研院院長。1984年8月9日，以策劃增進中華民國科學教育與發展所作之貢獻，獲得菲律賓「麥格塞塞（Ramon Magsaysay）獎」之政府服務部門獎，因病未能出席頒獎典禮，由沈君山代為前往領獎。1986年11月，赴紐約出席哥倫比亞大學舉辦之「宇稱性不守恒定律發現30週年紀念大會」。1991年5月5日，獲母校密昔根大學授予名譽科學博士學位。1992年1月，獲「中國物理學會」第一屆特殊貢獻獎。5月17日，由李政道夫婦陪同飛抵一別46年之北京，參加一系列之學術活動，北大授予名譽教授稱號，母校南開授予名譽科學博士學位。此行是海峽兩岸交流的一大突破，於6月11日飛返台北。1993年11月，前往香

港主持「香港學者協會」之「傑出華裔學者講座」。同年，獲交通大學、香港理工學院名譽科學博士學位。

1994年1月15日，交卸中研院院長職務，仍退而不休，按時到清華、交大合辦之專題講座中授課，並為「聯合報系文化基金會」在清華設置之「王惕吾紀念講座」之終身主持人。7月8日，中研院舉辦「吳大猷院長榮退學術研討會」，並舉行吳大猷銅像揭幕典禮。1996年，任東北大學復校後之校董會名譽副主席。1997年初，在台大物理系開講座。9月19日，台灣師範大學舉行「吳大猷九秩大壽慶祝大會暨科學教育研討會」。同月，清華大學也安排一系列學術活動為之祝壽，並授予名譽理學博士學位。1998年11月，往廣州附近之南沙，領取英商「霍英東傑出終身成就獎」，獎金港幣100萬元。

大猷治學嚴謹，培育出許多國際知名的物理學者，其中最令他值得驕傲和津津樂道的，要數兩位諾貝爾獎得主：楊振寧和李政道，以及在大陸科學界之領導人物：朱光亞和黃昆等。他雖不治史學，也向未從事政治性的活動，但具有強烈的國家民族觀念，接任中研院院長後，就希望近代史研究所的同仁，來編寫一部敘事客觀、分析深入的「中國近代史」。1992年，他向中基會申請補助，邀請劉廣京、張玉法、陳永發三人，分別撰寫：上冊《晚清篇》、中冊《民國篇》（出版時名《中華民國史稿》）、下冊《中共篇》（出版時名《中國共產革命七十年》上下冊）；張玉法的中冊及陳永發的下冊，分於1998年6月、12月由聯經公司出版，只有劉廣京（2006年9月28日病逝）的上冊尚未完稿。大猷親撰〈最近兩百年中國史總序〉，對達成他數十年的企望，向撰稿人致賀並申謝。

（四）重要著作

在著作方面，其第一篇研究論文〈最重元素的低能態〉，於1933年發表在美國《物理評論》上，在該文中預言中性的93序號原子的正常態至少包含一個5f電子，亦即預言了鈾後元素的存在（鈾後元素果於1940年被發現）。在原子多重激發態研究方面，大猷首先計算出多激發態衰變至第一電離電位以下的激發態（其後也被實驗証實）。他在1940年代的這兩項工作，為奠定原子和分子的理論基礎做出重要貢獻。自1933年以還，他共發表120篇研究論文，其《多原子的振動光譜及結構》及《散射量子論》兩本專著，出版後聲名大噪，享譽國際；而以中文所寫《理論物理》，更成為海峽兩岸習物理之大學生及研究生的主要參考書。[註9]由於其研究領域，廣及原子、分子、原子核、天文物理等，對我國科學教育的發展與推動，貢獻卓著，故被譽為「中國物理學之父」。

大猷之著作，多係由歷年在北大、西南聯大、美國以及台灣各大學授課之講稿修訂而成，他在台大曾授《理論物理》、《數學、物理的發展史》；在清華則授過《量子物理》、《古典物理》、《氣體運動論》、《原子分子物理》、《非平衡態熱力學》、《量子散射理論》等課；在交大授過《數學、物理發展史》、《近代物理》、《物理討論》等。他自述各著作出版情形云：

「自六十五年〔1976〕起，得……褚德三、韓建珊、郭義雄三人之助，將我的英文稿《古典動力學》、《量子論與原子結構》、《電磁學》、《相對論——狹義與廣義》、《量子力

學、甲部》譯成中文，我自行譯寫《熱力學、氣體運動論、統計力學》、《量子力學、乙部》成中文，共七冊，總稱為《理論物理》，先後由聯經公司刊行。……書中的《量子力學，甲、乙部》，經多位同仁鼓勵，重以英文寫出。甲部已於七十五年〔1986〕由新加坡「世界科學出版公司」刊出，所獲評語頗好。乙部（相對論量子力學與量子場論）則在邀黃偉彥教授作若干補充……去年〔1988年〕病前曾寫《物理學的發展及哲學》一小冊，原稿為中文的，經外國友人建議以英文寫出；去年出醫院後，寫成英文並作修補，……民國七十五年〔1986〕冬，中研院物理研究所為我八十壽辰，集我的物理學研究論文一百一十九篇，成一《論文集》，此外，我的物理專著，英文的有《多原子的振動光譜及結構》（民廿九年〔1940〕初版；卅五年〔1946〕第二版）；《散射量子論》（與大村充合著，民五十一年〔1962〕版；俄文譯版，五十八年〔1969〕。）《氣體及電離子之運動方程式》（民五十五年〔1966〕版）；《近代物理學的哲學基礎》（民國六十四年〔1975〕版）；《量子力學》（民七十五年〔1986〕版）。中文寫的有《理論物理》……這套《理論物理》，自非物理創作，……祇覺得某些處有多年教學心得，或不無有助於學生；且在中文的物理文獻中，這套書是籠蓋物理學重大部門的首次企圖，聊自解嘲。」註10

除專著外，他也曾以「洪道」、「學立」等筆名，經常在各報章雜誌上就教育問題、科技發展、人文環境等方面發表文章。這顯示了他

對許多問題的關切，不僅止於物理學，更廣及教育、人文、社會等領域，對時代的弊病，提出有力的針砭。這些「非物理學」的雜文，曾輯印為《吳大猷文選》七冊：《博士方塊》、《人文・社會・科技》、《教育問題》、《科學與科學發展》、《八十述懷》、《在台工作回憶》、《我的一生：學・研・教・建言》，由台北遠流出版公司於1986至1992年出版。其中《博士方塊》，台北堯舜及聚珍書屋出版社，也曾分於1982年、1984年出版。又《回憶》一冊，聯經公司於1977年出版（1986年三版）。在淡江文理學院之三篇講稿《科學發展與教育》，打字本，原刊1976年6月3～5日台北《民族晚報》。柳懷祖編「吳大猷文錄」，由杭州浙江文藝出版社於1999年出版。吳大猷科學哲學文集編輯組編《吳大猷科學哲學文集》，由北京社會科學文獻出版社於1996年出版。謝雲生、吳美惠主編《吳大猷院長榮退學術研討會論文集》，1994年由中央研究院出版。

四、對國家科學發展的貢獻

大猷自1929年起，未嘗間斷過教學及研究工作；自1949年政府遷台後，他在台灣的科學發展和科學教育改進方面，盡了不少心力。其主要的貢獻，是引發國家長期發展科學委員會的成立、擔任國家安全會議科學發展指導委員會主任委員、及行政院國家科學委員會主任委員。由於大猷不是政治人物，這些組織的成立，表示政府乃真心注意科學之發展。

1957年4月2日，大猷來台出席中研院第二次院士會議，亦為遷台

後之首次院士會議，他在會中建議政府，無論財政如何困難，也應擬訂國家長期發展學術（包括科學）的政策和計劃，經院士會通過後呈送總統考慮。並作長文申述科學的意義及政府訂定科學發展的迫切，刊於1957年4月2日《中央日報》「學人」版，申述科學奠基的亟意。1958年2月11日，胡適於離美返台出任中研院院長時，請大猷據此擬一發展科學的具體的計畫，他要帶這個計畫來台推動，「做一個探路的地圖──做一點開路舖石子的工作。」大猷乃寫成「提請政府發展學術、培植人才建議」，這是我國科學發展史中見諸實現的一項建議。5月，胡適根據此項建議擬訂「國家發展科學培植人才的五年計劃的綱領草案」。1959年2月1日，中研院評議會與教育部舉行聯席會議，通過「國家長期發展科學委員會組織章程」，並宣布成立國家長期發展科學委員會（簡稱「長科會」），由中研院院長胡適、教育部長梅貽琦以職務任正、副主席。長科會擬定了大學研教設備補助、學者之研究補助、客座教授、延聘海外學人等辦法，可以說是台灣發展學術（包括科學）的創始者，除有賴於胡適的推動外，大猷之倡議，也不無功勞。

（一）擔任科導會及國科會主委

政府致大力於科學發展，係始自1967年1月2日，按憲法戡亂時期臨時條款授權總統成立國家安全會議（簡稱「國安會」），由總統兼任主席，黃少谷任秘書長，下設建設、動員、政戰、科學發展四會；蔣中正總統聘大猷為科學發展指導委員會（簡稱「科導會」）主任委員，於3月23日召見時，大猷以在美任教，不能長期在國內謙辭，「蔣公

特別許我每年寒假、暑假回來，我不在台的時候，由閻振興、錢思亮他們幫我處理事情，自然不敢再強辭了。」註11大猷於奉召來台後，曾就對科導會的看法簡要的寫出來，送呈蔣總統，這一直率而近於狂傲的文件，據他說：「不僅未引起蔣公的反感，反之，它似乎使他對我產生了一種不尋常的『信』、『敬』、和『愛護』。……如我在台灣有些貢獻的話，則那篇祇約七百字的短文，是重要的開端。」註12科導會乃總統之科學幕僚組織，其任務為統籌科學與技術發展的政策，實開我國政府主動的（不是前此由學者呼籲的）大力發展科學的新紀元，也是我國學術發展史上，成立中研院後的另一里程碑。

科導會於3月29日宣告成立。這對大猷來說，是一個全新的經驗，上任後，即與同仁研擬了若干基本大政方針。他頭一個建議就是將胡適此前所組織之長科會，改組、擴大為隸屬於行政院之國家科學委員會。前者規模小，也沒有固定經費，後者規模較大，對科學發展研究的範圍也較廣。國家科學委員會成立後，即展開策劃推動科學發展事宜。

1967年8月14日，由長科會改組而成的行政院國家科學委員會（簡稱「國科會」）正式成立，蔣中正總統為了使科導會所作計劃能即時由國科會推動完成，即命大猷兼任主任委員。科導會及國科會之成立，對學術界人士的振奮作用及對學術、經濟、社會的進展，影響甚大。其人才培育及科學研究措施，使台灣建立了一個相當廣大的科技人才基礎；研究工作，亦漸有超出國際水平者。在生物、醫學若干方面，尤其有享譽國際的成績。在科學教學及研究的教師及設備的改進方面，亦有顯著的成果。而經濟的進展，科技人才之功，更不可忽視。

大猷自1967年起，每年暑假回台三、四個月，寒假回台一個月，不在台期間，國科會的事由副主委及秘書長執行。由於不常在台，頗引起一些批評。乃於1973年5月底辭去國科會主委職務，未再參預國家科學發展之事。

　　1972年，大陸的情形已與1967年「文革」時不同，國安會的組織乃陸續裁減；而科導會原是幕僚性的諮詢機構，也隨之一再精簡，只維持機構名稱，已無何任務；至1975年4月蔣總統逝世後，科導會已完全停頓。行政院於1976年成立「應用科技發展小組」，1979年成立科技顧問組，1982年成立科技顧問室，科導會則等於形存實亡；科技政策事皆由行政院負其責。1991年4月29日，李登輝總統下令於6月30日裁撤科導會，大猷即於6月30日卸去擔任了24年之科導會主委職務。

　　大猷在主持科導會及國科會期間，深獲蔣總統禮遇，常召詢對各事的意見，大猷皆據實陳述，即使與其原意相左，也不以為忤，且多加採納。大猷曾綜括其擬訂及推進科學發展的政策，較重大者有下列數項：註13

1. 科技發展權責劃分：

　　有關國防科技，由國防部負責；工業科技，由經濟部負責；農業科技，仍由省農林廳及農復會負責；一切學術性的基礎、應用、人文社會科學，則皆由國科會負責。他說：

　　　　「蔣公初意國科會的經費，應全部用於基本科學；人文社會及應用性的如醫學等則另行策畫。我則以為長科會的規模雖

小，但卻包括人文、科技，如今政府有較大規模的措施而反
將人文、社會、應用科技摒除在外，恐使學術界失望。蔣公
即改變其原意而接受我的政策及經費分配原則。」註14

2. 制定學術行政職位年限：

大學的系主任、院長、研究所所長等職位，任期為三年，可連任
一次，且年齡以65歲為限。

3. 有關核子武器政策：

1967年夏，國防部向國安會提出中山科學院擬議之「新竹計
畫」，（即發展核子武器計畫），大猷於7月擬具「對我國核能發展擬
議的分析報告」呈送蔣總統，這是我國核能政策的一項重要關鍵性文
件，他在該報告中按客觀深遠分析，明確表示反對，反對的理由是：

「我們的目標，只有大陸，這基本上甚不妥。且大陸已有核
子彈，又地面廣大；我方科技人才、基礎、原料皆缺，甚至
試爆之處亦無之；我們任何『企圖』，皆無法防止美國知
之；『計劃』中乃據德國西門子公司之估價，重水核子反應
爐、重水產生廠、鈽之化學分離廠三項各四千萬美元。此數
即使確切，但不包括輸送工具之洲際飛彈，全部所需，似
無法估計。蔣公詳思後，決不在安全會議中提出該計畫。然
該計畫並未止於此，致數年、十年後美國有兩度干預我國的
『企圖』，拆除實驗設備（包括重水）之事。後有人譽我當時
進言之無我勇氣，亦是我在台灣的大貢獻之一云。」註15

4. 科學發展的經費：

　　1967年，蔣總統決以年二千萬美元之數作科學發展經費，惟其中之一半，留作發展核能和平用途之用，並謂此後將按GNP之增長，增加此科學發展經費。此項經費係以「科學發展基金」方式撥款國科會，存於國庫，連續運用，不必在年度結算餘額繳還國庫，對科學發展極為重要。大猷當時所擬國科會之計畫：

　　(1)人才培育及延攬：

> 「某次我返台，同仁接機時，即告我蔣公有停止大學畢業生
> 出國留學之意，蓋以該時每年留學者約二千人而返國者甚少
> 也。……及我見蔣公，即直言：一則台灣的大學實在不能滿
> 足研究生進修的需求，有讓他出國深造的需要，一則愈使學
> 生難出國，將愈使他們外留不返國矣。後一點尤為重要。蔣
> 公聽後，即改變其原意，不阻止大學畢業生出國。……」註16

為解決人才外留外流問題，國科會制定若干措施：大量選送在職教學或研究人員出國進修、以客座方式延聘留學有成者返台、擴大長科會時的研究補助辦法等。

　　(2)研究機構及研究計畫：繼續長科會時所成立之數學、物理、化學、生物、工程五個中心；支持基礎醫學研究；在台大建「海洋研究館」；將美國贈送之掃雷艦改裝為海洋研究船九連號；基隆造船廠的造船，原係由日本購買藍圖、鋼板、機器及材料，加以焊工完成的；這時在台大建船模水槽實驗室，為發展建船工程的第一步；支持台

大、交大、成大之電子科學教學及研究；支持發展台灣之地震測量紀錄及研究等。這些初期之措施，似乎平實，但確係健全的在培植各項科學人才。

（二）改進科學教育

大猷辭掉國科會主委後，乃開始致力於「科學教育」方面。他和多位大學教授建議教育部，研訂計畫，從事我國初中、高中、及職校科學課程的檢討修訂，並將所有教科書依教師指引的改編。1979年，教育部成立科學教育指導委員會，由各大學校長中之習科技者組成之，聘大猷為主任委員，業務則由國立師範大學之科學教育中心負責。委員會下設數學、物理、化學、生物、地球科學及工程科學六個諮詢委員會，各聘教授十餘人任之；各教材之編寫、修訂工作，則每書分聘專家學者擔任；書成則在選定的學校試教，經再三修改後印發各校採用。此外，也每年分批調各校教師至師大講習新教材及實驗，冀能提高學生對科學的興趣和了解，為中學的科學教育，建立一個較前為合理的水準。

（三）維護國際科學組織會籍

1931年成立的國際科學聯合會總會（International Council Scientific Unions簡稱ICSU），乃一非政治性非政府間的組織，非以「國家」為會員，而是以「地區」（係指有獨立性的科學工作「活動」的區域而言）的科學機構為會員。以地區的科學機構入會者，稱為National Members。此外，各科學的國際聯合會（International Unions），可以「聯合會」入會，稱為Union Members。由於「national」一字通常

含有「國家」意義，遂使「National Members」的名稱，導致了「中國」的會員問題，即「中國」究應由中華民國或中華人民共和國為會員的問題。我國自1937年即以中研院（Academia Sinica）為該會會員。惟自1971年10月我國退出聯合國後，許多國家與我斷絕邦交，自1974年至1982年間，中共及國際科學界以強大壓力謀將我之會籍移予中共。按該會組織規程，會籍與「國家」無直接關係，但傳統上每一個「國家」名下祇有一個會員。這是一個矛盾。中研院院長錢思亮自1974年起，即派大猷及郝履成、王紀五代表中研院赴每二年一次之「大會」（第十五次於1974年9月在伊士坦堡舉行，十六次於1976年10月在華盛頓舉行，十七次於1978年9月在希臘雅典舉行，十八次於1980年9月在荷蘭阿姆斯特丹舉行，十九次於1982年9月在英國劍橋舉行），維護我國的會籍。當時我國在國際上的處境十分艱苦，大猷等極力避免牽涉政治，只據該會組織大綱力爭。經八年及五次大會的「科學外交」，終於在1982年的第十九次大會中，通過了在「中國」名下，有「北京」及「台北」兩個權利義務相等、各自獨立的「會員」。至於ICSU總會下之許多「科學聯合會」（Union）中我與中共的會籍問題，皆比照此方式（兩個獨立會員）解決。使我國科學界得不被隔絕於國際科學界。1988年，第二十二屆大會在北京舉行，政府以礙於「三不政策」，不准中研院派代表出席。大猷深恐經多年艱苦維持的會籍，若因不出席而予人以口實，萬一危及我在許多科學的國際聯合會的會籍，則為害大矣。經一再向政府申述，解開無數一層一層的結，才獲准派代表出席。為維護ICSU會籍事，大猷確為中研院——應說是為我國整個科學界——付出了極多的心力，貢獻至大！

（四）促進中美科學合作

1964年4月，中研院與美國國家科學院在台北成立中美科學合作委員會，是中美科學合作之開端，予我國學術界在精神上一大鼓勵。大猷被聘為該會「中國委員會」顧問，於翌年春偕李濟、李先聞、錢思亮、閻振興赴華盛頓與美國科學院會談。此後隔年輪流在台北及華盛頓會談。美國科學院在ICSU大會中，對我國維護會籍事，多予協助。1968年，大猷向美國建議由中美兩國政府訂一「科學合作雙邊合約」，為美方接受。我方由國科會，美方由「國家科學基金會」（NSF）為代表機構，大猷代表國科會與美國駐華大使在台北簽約，各自編列預算，舉行科學人員訪問、研討會、科學研究合作計畫等。

五、主持中研院院務十年

（一）與中研院的淵源

大猷與中研院的關係，應始自1938年到化學所搜集資料，1939年獲得丁文江獎金；1943年任天文所兼任研究員；1948年當選第一屆院士。1957年4月，出席第二次院士會議，亦即遷台後之首次院士會。1960年春，當選第四屆評議會數理組聘任評議員，直至1981年春，連任第五至十一屆聘任評議員（1983年接任院長後，即為當然評議員並兼任議長）。1962年底，物理研究所在台復所，大猷應王世杰院長之請，擔任首任所長，負責籌畫工作；其時因尚在國外任教，所務由楊毓東代理。1968年，在科導會及國科會任上，以中研院該年的經

費僅一千六百萬元，即由國科會的經費中撥一千萬元與中研院，其後即由行政院之預算中增列此數，不再由國科會轉撥。他所以「拔刀相助」，乃是覺得歷年來，中研院未獲政府的關注和應得的支持，是不公平的，對國家學術也是無益的，並無任何偏私之心。

（二）出任院長經過

大猷曾三次入選為中研院院長候補人，可見其受學界重視之一斑。

早在1960年11月26日胡適院長主持中研院第四屆評議會第一次會議時，表示明年滿了七十歲就要退休，在這一年內，他希望大家想想屆時由誰繼任最相宜，並提出吳大猷來請大家想想。[註17]這時胡、吳二人似尚談不到深交，吳雖為聘任評議員，惟因赴瑞士洛桑大學講學，並未出席該次會議，胡所以如此器重這位晚輩，係為國舉才，完全沒有私心。

胡適於1962年2月24日以心臟衰竭逝世，數日後，王世杰偕大猷去拜會行政院長陳誠，陳希望大猷返國接任中研院院長，大猷深知自己不能勝任。評議會於3月31日舉行臨時會，票選吳大猷（17票）、朱家驊（16票）、王世杰（15票）三人為第四任院長候補人。大猷為第一高票，他於4月11日在渥太華接到我駐加拿大使館轉來評議會臨時主席蔣夢麟及劉鍇大使電，轉達蔣中正總統希望他接受中研院院長職務之意；大猷復以「自審才力實不能勝此重任。個人方面，亦有若干問題，⋯⋯乞先生及評議會諸公賜予諒解，並在總統前代為婉謝為感。」[註18]獲得次高票的朱家驊，原為中研院第二任院長，他於1957年之辭職，係為最高當局授意，當時即有人感到不平，表示要將他再選

為院長候補人，為朱所婉拒；因為即使不惜「忤旨」選出，也不可能被總統圈選，徒增困擾。這次將朱家驊選出來，多少有些要表現一下書生氣而已。結果圈定王世杰為第四任院長。

1970年4月，王世杰院長辭職，他在4月11日日記中云：「今日張岳軍〔群〕來余寓，謂總統同意我辭職，並擬以錢思亮校長繼余之職。」可見准許他辭職之時，就已經安排好了由台大錢校長繼任。第七屆評議會於5月2日集會，票選錢思亮（25票）、吳大猷（17票）、閻振興（17票）三人為院長候補人，即遴選最高票之錢思亮為第五任院長，沒有徵詢吳大猷的意見。

1983年9月15日，錢思亮院長病逝，第十一屆評議會於10月21日舉行臨時會，票選第六任院長候補人，當時我以秘書主任身分安排開會事宜，投票之前一天，蔣彥士秘書長傳達蔣經國總統希望選出吳大猷及余南庚二人之意。第一次投票時，大猷即獲得40票（全體評議員共45票），順利當選為院長候補人；第二次投票時，閻振興以23票當選；第四次投票時，余南庚以24票當選。蔣總統即於24日特任大猷為院長。此時他已定居台北，沒有推諉的藉口，而且中研院同仁及總統的善意，堅卻也不合情理，即於11月1日就職。至1994年1月15日被迫卸任，為時十年又三個半月。註19

（三）重大措施及貢獻

他在院長任內，為改善研究環境，維護學術自由的風氣，以及提升研究水準，可以說不遺餘力。中研院遷台之初，限於政府財力，經費十分拮据，直至1981年7月錢思亮院長實行「五年發展計畫」後，

才得以增列經費、開展較多的研究工作。大猷接任院長後，完成了第一期及第二期「五年發展計畫」。在他主持院務十年中，經費由1983年之七億五千萬元，編制員額577人，論文577篇，專著53種；至1994年卸任時之經費三十億元，編制員額1,400人，論文1,600篇，專著等102種。可以說有大規模的開展。在若干學術領域的設備和成果方面，漸在國際上獲得肯定。在研究單位方面，將統計科學、生物醫學科學、分子生物三個研究所，由籌備處正式成所，並增設中國文哲、台灣史兩個研究所籌備處，全院共有二十個研究單位。院外人士建議中研院增設研究所者甚多，大猷考慮的焦點是：該門學術與其他應推進的學問的相對重要性，以及該學門究以在大學中抑在中研院設立為佳？所以特別慎重。他是真正了解中研院性質的一人，他認為一個國家的學術研究，其主要根源應是建立於若干大學；祇有某些特殊性的研究，需要特殊設備規模，則適於獨立性的研究所。中研院當就在學術上有重大意義的，就我國社會需要的領域開展，故對增設研究所，力求避免濫設，曾以中研院不是開百貨公司來回應外界的要求，因而招致一些批評。

　　大猷認為主持院務最重要的責任，乃盡可能地改善學術研究環境——物質的設備，及學術的氣氛，使致力於學術者，能專心的工作。他到院後，先後引入一些新觀念，並建立了一些制度，茲撮要如下：

　　1.建立研究人員與各大學合聘的辦法，加強學術交流，使研究人員可在大學指導研究生的博士論文，學位則仍由大學授予。這樣可使研究生得特殊學術部門師資及研究設備之益；而中研院的學者亦有教導學生的機會，不斷的有新血輪及人力，保持新

陳代謝及學術傳承。

2. 每個研究所皆成立一學術諮詢委員會，由國內外學術人士（如院士等）組成之，除與研究人員檢討該所研究成果、與國內外學術機構合作事宜外，也向院長提出報告，供院方及該所參考。

3. 修訂組織法：中研院的組織法，自1928年11月9日國民政府公布後，僅數度作過文字上的修改，許多部分已不符現行的法規，如人員的任用資格、編制員額等，皆無法的依據，困難甚多；大猷即著手加以修訂，經立法院三讀通過後，由總統於1990年1月24日公布施行。並據此修訂研究所的組織規程及院之人事制度。

4. 按研究所之組織規程，制定嚴格之各級研究人員的聘任、續聘、升級等的評審辦法，以提高學術水準，是開我國學術機構續聘、升等評審制度的先河。將研究人員由四級制改為五級制，增加「助研究員」一級。

5. 於研究員之上，設「特聘研究員」級，其最高薪給，可比照所擬聘人在國外的薪給，以打破此前的平頭制度。這是他在主持科導會時所建議而未能付諸實行者。在這一新的薪給觀念和制度下，可延聘大師級、領導級的學者到院工作。

6. 院中設「學術諮詢總會」，為所或院作檢討、諮詢、建議，而無作「決定」的權。

7. 所長的聘任：所長出缺時，由院長分函該所副研究員以上人員，請以書面將對所中的意見、推舉所長人選，並說明其優先

順序及理由，供院長遴選所長的參考。有真正「民主」的優點，而無「競選」、「投票」的弊端。在他主持院務十年中，從未發生過「所長問題」。

大猷在〈我與中央研究院〉一文中說：

> 「中研院在我生命中，卻間接直接的有很大的影響，反之，有如物理學中的作用和反作用原理，我無疑的亦或好或壞的影響了中研院——尤其是近年的中研院。」[註20]

這是他任院長年六年多時自我檢討的一番話。綜觀他改善研究環境、改進制度、爭取政府的支持等重大措施，都是值得肯定的。

六、結語

自1981年起，大猷之健康即大不如前，曾為心律不整、內耳平衡失常、肝內長膿包等疾病所苦，多次住院治療；1999年3月26日，又因急性肺水腫和腸胃出血，入住台大醫院加護病房，其間曾因心臟衰弱影響腎臟功能，接受腹膜透析；四月底，因腸胃出血情況嚴重，一度病危，7月底，因感染問題，病情加劇，再度轉進心臟加護病房；延至2000年3月4日下午，終告不治，年94歲。5日，中共國家主席江澤民拍發唁電，盛讚他：「畢生獻身科學研究和教育事業，為中國科學發展作出了重大貢獻，在世界物理學界享有盛譽。吳先生關心國家統一，致力於民族富強，並且為海峽兩岸科技學術交流作出傑出貢

獻，為兩岸同胞所讚譽。」李登輝總統予以明令褒揚，並頒「碩學高風」輓額。24日家祭，25日，中研院舉行追思會及聯合公祭。

　　大猷是位學者，一生未曾間斷過教學、研究工作。自1967年起，又致力於國家的科學發展，主持科導會、國科會，以及中研院院務。他的信念是：發展學術，須從延攬、培育人才著手；而「培育」則需有各層次的良好基本教育、研究訓練；高級科學和技術的發展，需要人才，亦需要時間，更需要「計畫」，不能在浮沙上蓋高樓。其另一信念，即科學發展，須靠自己的努力，他甚少高唱與外國合作，蓋以為我們如無任何成就，如何與其他人合作？他深信當時所擬之政策和措施，大體是正確的；在政府、社會都著重應用科技，高唱「技術轉移」時，他一再呼籲基礎科學之不可偏廢，是對科技有深識遠見的；其諫阻發展核武，不僅有深識，尚需要有相當的勇氣！致力於中學科學課程及教材之改進，更是一項務實而非譁眾取寵的工作。

　　他畢生獻身於科學研究和教育事業，由於在學術上的成就及在台灣建立和推動科學發展政策和中研院的進展，曾獲得無數榮譽，其中如麥格賽賽政府服務獎、英商霍英東終身成就獎、以及密昔根大學、南開大學、香港理工學院、北京大學等所授予之榮譽博士學位，都是來自台灣之外的機構，應是比較客觀、而可以為大家所認同的。今日我國科學發展有如此規模與基礎，其功實不可沒。

參考資料：

1、 吳大猷，《回憶》，台北，聯經出版公司，1977年初版。

2、 吳大猷文選：《博士方塊》，台北，遠流出版公司，1986年出版。

3、 吳大猷文選：《人文‧社會‧科技》，台北，遠流出版公司，1986年出版。

4、 吳大猷文選：《教育問題》，台北，遠流出版公司，1986年出版。

5、 吳大猷文選：《科學與科學發展》，台北，遠流出版公司，1986年出版。

6、 吳大猷文選：《八十述懷》，台北，遠流出版公司，1987年出版。

7、 吳大猷文選：《在台工作回憶》，台北，遠流出版公司，1989年出版。

8、 吳大猷文選：《我的一生：學‧研‧教‧建言》，台北，遠流出版公司，1992年出版。

9、 吳大猷，〈在台工作回顧〉，《傳記文學》，64卷4期（1994年4月），頁49～54。

10、 吳大猷，〈我與中央研究院〉，《傳記文學》，56卷5期（1990年5月），頁35～43。

11、 賴樹明，《真言——吳大猷傳》，台北，木棉出版社，1999年出版。

12、關國煊，〈「中國物理學之父」吳大猷博士的一生〉，《傳記文學》，77卷1期（2000年7月），頁102～116。

13、中央研究院總辦事處秘書組編印，《中央研究院院史初稿》，1988年6月出版。

（原載：國史館編印，中華民國史稿：《國史擬傳》，第10輯，pp.173-207，台北，國史館，2001年12月出版。）

【註釋】

註1：《明清歷科進士題名碑錄》（四）（台北，華文書局，1969年12月初版），P.27~80。賴樹明著，《真言——吳大猷傳》，P.3誤作第四十名進士。關國煊：〈「中國物理學之父」吳大猷博士的一生〉，《傳記文學》，70卷1期，P.102誤作第十四名進士。

註2：光緒二十六年（1900）雖逢鄉試之年，但因政局動搖，順天及各省均未放主考而停科；光緒二十七年（1901），舉行辛丑恩、正科併科，僅廣東、廣西、甘肅、雲南、貴州五省舉行鄉試。吳國基即在此科中舉。

註3：吳大猷，《回憶》，P.33。

註4：〈吳大猷八十二自訂年表〉，吳大猷，《在台工作回憶》，P.231。

註5：據1936年5月28日公布之「國立中央研究院楊銓、丁文江獎金章程」第二條：「每種獎金定額為二千元」。（《國立中央研究院評議會第二次報告書》，P.82。）〈吳大猷八十二自訂年表〉作獎金「三千元」，此數額或有調整，也可能為吳大猷誤記。

註6：吳大猷，《回憶》，P.55。

註7：吳大猷，《在台工作回憶》，P.28。

註8：吳大猷，《回憶》，PP.65-66。

註9：林爾康，〈吳大猷先生行述〉，《國史館館刊》，復刊第28期（2000年6月），P.235.

註10：吳大猷，《在台工作回憶》，PP.25-26.

註11：吳大猷，《八十述懷》，P.77。

註12：吳大猷，《在台工作回憶》，P.11、69～70。

註13：參考吳大猷，〈在台工作回顧〉，《傳記文學》，64卷，4期，PP.49-54。

註14：吳大猷，《在台工作回憶》，P.29。

註15：原報告見吳大猷，《在台工作回憶》，PP.77-85.

註16：吳大猷，《在台工作回憶》，P.29。

註17：胡頌平編著，《胡適之先生年譜長編初稿》（台北，聯經出版公司，1984年出版），第9冊，頁3387～3388。

註18：吳大猷，《在台工作回憶》，P.65。

註19：陶英惠，〈敬悼一代學人吳大猷先生〉，2000年3月5日《聯合報副刊》。

註20：《傳記文學》，56卷，5期（1990年5月），P.35。

敬悼一代學人吳大猷先生

近十幾年來，吳大猷先生（1907～2000）老病侵尋，飽受針藥之苦。2000年3月4日，這位一身傲骨、以「橫來逆受」自豪的學人，終於敵不過病魔的折磨，與世長辭！他對國家科學發展的重大貢獻，類皆耳熟能詳；所留下大量一針見血的諍言，更值得人們常相省思！有風骨的知識分子，已越來越少，是以吳先生的病逝，尤令人哀悼、懷念！

筆者於1964年7月進入中央研究院，在近代史研究所從事研究工作。1981年9月，奉錢院長思亮之命，調兼秘書主任。1983年9月15日，錢院長病逝。時值第一期五年發展計畫開始實施，院務特別忙，而自忖對行政工作外行，即擬乘機擺脫。新任院長吳大猷先生於11月1日就職，他不帶一個私人，對各單位主管均予留任。我與吳院長沒有任何淵源，因深感其明快的作風及誠懇的態度，遂允暫時留任，以為過渡。

錢、吳兩位院長，係多年老友，可是性格、作風截然不同，吳院長在〈念思亮兄〉

文中説：「我們的脾氣有時適相反；他的謹慎、心細、忍耐、認真，而我則對人對事，喜怒形於色；有時粗枝大葉，不耐細節。」秘書工作，經常隨侍左右，要如何調適，並與之配合，不能無慮。直到1988年4月30日，因為處理一件人事案，與韓忠謨兼代總幹事之意見嚴重不合，雅不願違背自己的良心再待下去，即拂袖而去，重回近史所，我的辭呈，直指：「近日深感工作日益繁重，而不合理之事太多，實不敢尸位素餐。敬請准予自即日起辭去秘書主任兼職，還我初服，不勝感戴之至。」未留絲毫商量的餘地。當時頗讓吳院長為難。事後反省，對他老先生不免有些歉意。1993年8月1日，又奉吳院長之命兼胡適紀念館主任，由此可見他對我五年前的斷然求去，似乎並未介懷。

與中研院深厚的關係

吳先生與中央研究院的關係，似應追溯至抗戰初期。那時中研院為紀念兩位故總幹事楊銓（杏佛）及丁文江（在君），設有楊銓獎學金及丁文江獎學金，分別給予對人文科學、自然科學研究有新貢獻者，每種獎金定額為二千元，分自1937年、1938年開始給予。第一屆楊銓獎金為李方桂先生所得，第一屆丁文江獎金之得主為吳先生，其得獎著作，係用英文所撰《多原分子之結構及其震動光譜》。該書出版後，獲得物理學界的普遍重視。1948年3月，順利當選中央研究院第一屆院士。

吳先生曾三次入選院長候補人，可見他受學界重視的一斑。直到1983年9月15日，錢思亮院長病逝，第十一屆評議會於10月21日舉行臨時會，票選第六任院長候補人，第一次投票時，他即獲得40票（全

體評議員共45票），順利當選為院長候補人。蔣經國總統即於24日特任吳先生為院長，11月1日就職。至1994年1月15日卸任，為時十年又三個半月。

病篤時的囑咐

側聞吳先生病篤時，囑咐家人在他過世後火化，將骨灰分別撒在南開、北大、和中研院。他在南開求學，在北大教書，晚年則將全部精力投注在中研院。他對這三處都有一份特殊的感情。

中研院胡適紀念館前，在綠茵的草坪中有一個小噴水池，尚稱幽靜；如再稍加美化，將吳先生的骨灰撒在池中，可與胡先生長相作伴，想為吳先生所樂許。

又中研院歷任院長之檔案資料，現均由近代史研究所的院史室保管、整理；如果吳先生的家人也能將其有關文件，交由近史所庋藏，並供學人研究、參考，當是一件非常有意義的事。

大院長 小故事

在吳先生擔任中研院院長十年期間，我在他身邊工作了四年六個月；由於職務上的關係，得常親馨欬，對一代學人，獲得直接的觀察與認識。在僕人眼中或許沒有偉大的字樣，可是我看到了他純真的一面。如今保有赤子之心的越來越少，更令人覺得難能可貴！謹舉幾件瑣事如下。

「粗枝大葉」造成困難

　　1984年12月18至21日，中研院舉行第十六次院士會議，這是吳先生首次主持的院士會議，會議的程序非常繁複，我深知他自己所說的「粗枝大葉、不耐細節」的個性，所以對每一個環節都反覆考慮，以免出錯。不料偏偏在21日最重要的票選新院士時，發生了非常嚴重的錯誤。事情的經過是：第一次投票，除到會院士現場投票外，另有委託票；而委託票又有兩種情形：一為委託人已自行通信投票，受委託人在第一次投票時不能再代為投票，到第二次投票時才能代為投票，即連自己一票共有兩張選票；另一種則為委託人未通信投票，受委託人則自始至終皆有兩張選票。我深知這些高級知識分子，在其專業方面都是頂尖的，可是對於這些瑣碎的遊戲規則，就不一定弄得清楚，所以在發票前，我除詳加說明外，猶恐監票人發錯，再列一清單交給三組之監票人，說明那些被委託人第一次投票時僅有一張選票，那些人到第二次投票時才有兩張選票，自以為萬無一失了。不料鄧昌黎院士委託吳院長，但已自行通信投票，在第一次投票時，吳院長只能有一張票，他卻向數理組之監票人韋潛光、楊念祖又要了一張，結果葉玄院士只領到他本人的一張票，受顧毓琇院士委託（未通信投票）的一張沒拿到，他來向我要票。我知大事不妙，急向韋、楊兩院士問清楚後，立即向吳院長追討溢領的一張，怎知吳院長動作快，票櫃就在他面前，已經投了下去，而鄧院士的通信投票，他卻捏在手裡，沒有代投。我頓時天暈地轉，不知如何解決，便問吳院長為什麼要兩張選票？他怪我沒有報告清楚；我說其他院士尚可說沒有聽清楚，我就

在您身邊報告，怎麼可能聽不清楚？（事實上他在專心考慮圈誰，根本沒聽我的說明。）他已自知理虧，但礙予面子，立即不許我再說話。當著全體院士，一個幕僚頂撞首長，實在不成體統；可是這個過錯我實在扛不起來，山東脾氣立即發作，自信尚可任勞，但無法任怨，於是大吵起來。這一票的問題沒解決，整個選舉就要作廢，兩年一度的院士會議便不能繼續進行，勢必就要流會。問題非常嚴重！在僵持不下的時候，少領一票的葉玄院士徵詢大家意見：他沒有領到的那一票，可否作為他委請吳院長代投？經在場院士一致同意，才化解了流會的危機。這恐怕是唯一可行的方法。至今我對葉院士的高度智慧及風度，仍感念不置。

　　院士會議結束後，吳院長對我會議前後的辛勞，溫語慰勉，似在為他其「粗枝大葉」所造成的錯誤表示些歉意；而我也為當時的出言無狀而深深自責。兩人都未明言「道歉」二字，而一切盡在不言中，這正是吳院長的可愛處。

是非分明　開明專制

　　吳院長是一位黑白分明的學人，他認為對的，就毅然去做；不對的，雖為法所許，也不做。嘗言不好的法，他絕不遵守。我不能完全接受他的說法，我說，法不好，可以運用您的力量去修改，在未修改前不能不遵守。例如中研院的很多法，都以院長的名義頒行，如果同仁認為不合理，即不予遵守，豈不大亂？他也不以我的說法為然。他堅信他的都是好的、對的。茲舉一事為例略作說明。

依考試院、行政院會同發布之「公務人員請假規則」，公務人員在同一機關服務滿一年者，第二年起每年應准休假七日；服務滿三年者，第四年起每年應准休假14日；滿六年者，第七年起每年應准休假21日；滿九年者，第十年起每年應准休假28日。揆其立法精神，休假日數隨著服務年資而遞增，似無不妥。吳院長認為尚不夠好，便將中研院服務須知改為：研究人員每一學年度得准休假21日（不論服務年資），如該年度因故未休假，可予保留，其保留期間以一年為限，即每一年併同上年度累積之休假日數，不得超過42日。照此辦法，新進人員及資深者每年休假之日數相同，但上年未休滿者，可累積在本年休，較有彈性。所以同仁們都欣然接受。

近閱吳先生於1960年8月3日回覆胡適之先生函，才發現他所訂休假辦法的法源及靈感，是取自加拿大國家科學院，他早年在該院服務時，就是利用這種休假的方式來台講學，如果硬性規定每年只能休假28天，而且不能累積，則反倒不便。他不採計年資、給院中學人利用休假作較長時間訪問研究或講學的深意，令人敬佩！這樣的開明專制、擇善固執，與那些師心自用、口唱民主高調者相較，真是好得太多了。

「不耐細節」易受蒙蔽

錢思亮院長對於治學和治事，一向絲毫不苟。中研院自實施五年發展計畫後，公文的數量驟增，他都詳細批閱，以致積勞成疾。吳院長深知自己「不耐細節」的個性，以及錢院長過度勞累的前車之鑑，所以對於例行的公文一概不看，充分授權韓忠謨兼代總幹事代批。因

此在處理胡適紀念館訟案時，發生一件令吳院長很不高興、卻又不便發作的事。茲略述其經過如下。

1985年年底，胡適紀念館主任王志維先生，因為原由遠東圖書公司出版的胡先生之著作，由於遠東未能如期繳付版稅，且出版合約已經到期，乃轉交遠流出版公司另行出版，遂發生著作權糾紛。1986年3月20日，遠東公司所委任之律師函請中研院代查：「胡適紀念館是否為該院組織法以內之附屬機構？」我據實擬復，特別強調館與院的密切關係：「本院胡適紀念館係經院務會議通過成立。其有關業務，由本院總辦事處予以必要之協助。」認為這樣答復，或可有助於訴訟之進行，即送韓總幹事核稿。韓先生於4月3日召我去談引起訴訟之原因，他堅持胡先生當年與遠東公司之合約是假的。我說，我們認定真假沒有用，須由法官判定。他仍堅持如故。又說王志維主任處理此事欠妥，應發表聲明。我說已經多次登報說明，並出示有關的剪報給他看。他說他沒有看過，仍認為王志維未發表聲明說明真相。我乃無話可說。韓先生又認為王志維不應該將胡適的著作拿出去賣錢。我說，胡先生著作等身，而且影響極為深遠，其紀念館與一般紀念館的性質不同，他的言論、著作，是許多青年和學界人士都喜歡閱讀的，現在紀念館的基金只剩下一百多萬，維持十分困難，印書所得，非為個人圖利，除可貼補館中的開銷外，又可使胡先生的著作廣為流傳，可謂一舉兩得。可是韓先生仍不以為然。又對答復遠東之擬稿，面囑必須改稿，堅令要將院與館劃清界限，以免捲入訟案。筆者力爭無效，只得遵照其口述之意另行擬稿，大意為：「胡適紀念館並非本院組織法以內之附屬機構。該館會計與本院無關。」我雖然很不以為然，但也

無可奈何！該文未經吳院長判行即發
文，所以吳院長不知道有此事。及至9
月2日法院駁回後，吳院長才在裁定書
中見到中研院答復的公文，非常生氣，
嚴詞詰問我為何如此作復？我調出原卷
呈閱，初擬及奉囑改擬之兩稿俱在，他
看完兩稿，知道確係韓代總幹事就所囑
改稿而未經呈閱即核判發出的，我沒有
任何過失，且木已成舟，即使再對韓先
生有所責難，亦與事無補。當時他面色
凝重，沉思良久，不發一語。或許在
想：這是他因「不耐細節」而受到蒙蔽
的結果，怪不得別人！自己身為院長，
而胡先生是他素所敬重的人，不但未能
藉此報答知遇之恩，反與其紀念館劃清
界限，情何以堪！我想應該是在為自已
所託非人及愧對胡先生而自責吧！

胡適（右）與吳大猷攝於南港住所
（現改為胡適紀念館）前。

盡心盡力解決胡適紀念館難題

　　胡適之先生自中研院成立起，就
與中研院有著非常深厚的感情及淵源，
1958年4月10日自美國來台接任院長，

1962年2月24日以心臟病發在任上猝逝，真可以説是為院鞠躬盡瘁。可是為他設在中研院內的紀念館，却沒有受到應有的重視和妥善的照顧。吳院長雖然大力支持，有時竟然有些無力感。

　　例如首任館主任王志維先生，是為胡先生生前處理其私人收支的秘書，初以中研院總務主任的身分被聘為紀念館的當然委員，1963年7月被管理委員會公推兼任館主任。王太太張彥雲女士則以臨時人員的名義在館中協助工作。1986年8月，王先生因為館中唯一的一位正式職員李女士病逝，簽請由王太太遞補李女士之職缺。當時韓代總幹事適以大腸癌住台大醫院開刀，係由院長批提10月30日的人事會議通過任書記。可能因此而招致韓先生的不滿。12月，新任紀念館管理委員會主任委員呂實強先生，以館中人力過於單薄，根本無法推動工作，簽請約用一臨時人員協助，囑我於11日代問韓先生批了沒有？韓先生跟我説：呂主委既不會人事室、又不會會計室，何來員額？答以都會過了，都説沒有問題。韓先生很生氣的説：紀念館都變成了家族事業了，十分不妥。我説：自李女士過世後，王太太現又因病住院，明天可能要開刀做心導管，亟需有人代班。韓先生更氣的説：我將王太太補實後，她不好好幹，竟去生病住院！不滿之情緒，馬上發作出來，其偏見之深，殊出人意料！

　　王志維先生於1980年3月自中研院人事室主任退休，仍兼理紀念館館務，呂主任委員想為他爭取一點報酬，吳院長深表同意，先擬在中基會設法，繼又改在院中辦理，可是受到許多阻撓，很久懸而未決。1988年1月8日，吳院長約韓先生與我，再研商王先生之待遇事，希望謀求一個解決辦法。韓先生仍舊強調其一貫的看法：紀念館並非

本院組織系統內之單位，且已支援維護經費及其他人員經費了，不必再過問。意為對紀念館已仁至義盡了。我說：紀念館雖非組織系統內之單位，但不能不承認為本院單位之一，本院既然可以負擔館中其他人員之經費，為何就不能負擔王先生的？王先生每月僅從紀念館基金利息項下支領2600元，這樣的報酬實在太少了，本院不宜如此苛待一位退休的老人，而且是胡院長生前非常信任的一位老人！韓先生繼說，我們若承認其為本院單位之一，恐怕早就捲入與遠東的訟案了；況且已將王太太補為正式書記，她也領有一份薪水。我為之語塞。天下那有太太領了一份薪水而先生就應該白盡義務的！吳院長在場親耳所聞，自不必我再多說。他立即改變話題，令我去院長室再談。由於韓先生對紀念館的偏見，吳院長竟也愛莫能助，沒有辦成。可是他在其他方面的努力，總算有些收穫！

關於胡先生之著作，在他遺囑中委請毛子水、楊聯陞兩位先生負責整理出版；惟兩人均年事日高，恐難繼續從事此項工作，個人的生命終究有限，機關則可長久存續。我認為應請兩位先生轉授權給中研院，使院方有法律依據。

吳院長鑒於這次著作權訟案，同意照辦，於1986年10月2日分函毛、楊兩位先生，不久兩位均函覆同意。為紀念館解決了一大難題。

在紀念館庋藏的資料中，最受大家矚目的是胡先生的日記。王志維先生早年用相機拍攝，洗了一套很小的照片，他想影印出版。我陪吳院長到紀念館看這些照片，吳院長說字太小，看不清楚。我請王先生派人到秘書組影印放大數份。吳院長除分請毛子水、陳雪屏兩位先生看看有沒有政治上的忌諱外，並於1987年10月13日函胡祖

望先生，徵求其同意。這套《胡適的日記》手稿本交給遠流出版公司影印出版時，吳院長特親撰序文，表示支持，以免再發生著作權問題。

吳院長解決了胡先生的著作權及促成日記的出版，可是紀念館尚有一最大的困境，即定位問題。

胡適紀念館是1962年10月18日中研院第三次院務會議決議成立的，既未正式納入院中編制，亦未建立財團法人，僅賴外人捐贈之少數基金利息及院方的支助勉強維持，由於物價逐漸增高，利息不斷降低，而院方之支助又不能列入正式預算，所以困難日益嚴重。吳先生自1968年8月19日起，被聘為該館管理委員會委員，於1983年接任院長後，對於紀念館如何維持極為關心，曾多方設法謀求解決之道。他在管理委員會第69次會議中，便指示必須將館制度化。1987年5月23日評議會集會時，他再提交會中討論。1993年12月9日管理委員會舉行第70次會議，吳院長即將卸任院長職務，仍前來出席，並指示詳加研討，努力做到改隸為院中一正式單位。1997年11月4日，吳先生已辭卸院長，仍力疾來出席第71次委員會，就定位問題詳加研商，決議：在納入中研院正式編制前，暫將紀念館改隸近代史研究所。這項決議，就是吳先生數年來所想出的唯一可行的辦法。嗣經近史所所務會議及院務會議通過，於1998年1月19日舉行交接儀式。至是，胡適紀念館的制度化問題，獲得暫時解決，總算有了一個比較穩固的基礎。就吳先生而言，也算對得起胡先生了。

第二期五年發展計劃的波折

　　1982年7月第15次院士會議中，建議將本院「五年發展計畫」延伸成為一個延續性的、永久發展方案。1985年，就著手協調第二期五年發展計畫，提至1986年1月17日舉行之第十二屆評議會第六次會議中討論，李國鼎先生首先發言，謂第一期五年計畫送行政院時，經評估後退回本院修改，再送去方獲准。這次為能順利通過，建議先就第一期五年計畫的實施成效，以及對新提出的第二期五年計畫的發展方向，經嚴謹的評估後再送出。遂成立一個九人評鑑小組，吳院長指定李國鼎先生為召集人。3月12日，李先生派人來核對五年計畫員額、經費、研究人員論著統計表等，吳院長很不高興，聲言他沒有資格如此煞有介事的審查。吳院長一向主張學人著作不應怕別人審查評估，但別人審查他主持的計畫時便不能忍受，是標準「父權心態」的表現。（見1988年7月18日《自立早報》朱敬一：〈學術機構裡的父權心態〉一文）。

　　5月2日，李國鼎先生將五年計畫評估意見送到院裡，吳院長看完後說，他對李國鼎非常不滿，並常在私下或公開場所嚴詞予以批評，絲毫不留餘地。這些話，自然會輾轉傳到李先生的耳朵。5月12日，舉行院務座談會，就評審報告交換意見。5月31日創刊之《時報週刊》，又大幅報導吳院長為第二期五年計畫對李國鼎評審意見之不滿等。7月18日，吳院長擬親函行政院長俞國華，說明五年計畫評審報告皆陳腔濫調、不正確之詞，若傳出去對本院將造成傷害。並說他們當年欺負錢思亮先生，錢先生氣的臉發青，仍強忍下去，我吳某絕不

吃這一套。那廉君先生勸他不要生氣，而措詞更不宜太強硬，最好與俞院長面談，不要見諸文字，藉免弄得更僵。吳院長乃以紅筆在評審報告上加批語，預備屆時送給俞院長。當時我曾建議：評審報告是否欠妥是一回事，但究係評議會所推定小組之報告，其報告只向評議會負責，應將其評估意見再提交評議會討論，修改後才隨五年計畫送出，用評議會之決議堵李國鼎先生之口，他既為評議會成員之一，評議會之修改，縱使不滿也有口難言。不宜僅憑院長一人之好惡而拒之。可是吳院長不予採納，就怕一開會就將報告洩露出去，囑我將報告編號鎖在鐵櫃裡，嚴禁洩漏出去。他認為這樣就安全了。因此，頗為李國鼎先生所不能諒解！

1986年7月29日，吳大猷院長主持第十七次院士會議開幕典禮，左起：行政院長俞國華、副總統李登輝。

不懂官場文化　導致被廹卸職

　　1988年1月5日，李登輝以副總統身分來院參加經濟所舉辦的學術會議，車至忠孝東路7段時，其司機看到吳

院長的車子在後面，乃減速，並示意吳車快超過去。吳院長到院後，並沒有去經濟所會場迎接，却逕到物理所辦公室去。閻琴南主任在大門口見狀，即飛奔物理所，請速往經濟所接待，吳院長竟說與李副總統不熟，沒有什麼話可說，不肯去。而韓忠謨代總幹事則在旁說，李副總統既然到了，那我也就不必去了。中研院直屬總統府，李副總統則是直屬上司，即使不喜歡李本人，也應對其職務表示尊重！若僅就作主人的身分而言，也沒有不迎接客人的道理！結果正副首長都沒有去。誰也料想不到，由於這次的失禮，後來嚐到了很大的苦果！

　　1988年1月13日，蔣經國總統病逝，李登輝副總統繼任了總統。5月24日，李登輝以總統的身分來院巡視，吳院長、韓代總幹事親在大門口恭迎，閻琴南主任認為不妥，請改到近史所檔案館會場迎接。在座談會中，吳院長抨擊現行預算制度，請李總統支持寬列經費；又為9月在北京舉行之ICSU大會，要求答應派人出席。並說此等大事，問外交部等於白問，沒有用。完全不尊重政府體制。沈昌煥秘書長實在看不過其咄咄逼人的態度，即答以：「今天的總統不能專制，不是可以說了就算，必須透過幕僚作業後才能答覆。」在各所所長發完言之後，李總統又指定以學術顧問身分陪來的李國鼎先生說幾句話。李先生首先直接表明他一向愛護、關心中研院，可是吳院長不喜歡他。次述現將退休，但仍願一本愛護之忱，述說一下自己對中研院的意見。兩年前，吳院長為了李先生五年計畫的評估意見，對他多次無情的批評，這時終於一吐為快！李國鼎先生在宦海沉浮多年，若非氣極了，怎麼會當著總統及各所所長之面，說出吳院長最不喜歡聽的話來！

　　李國鼎先生對吳院長的不滿，發洩一下就過去了；可是李總統的

不滿，就影響到他的職位。到了1993
年2月3日，據聯合報載梁玉芳的專
訪，吳院長對李總統要「世代交替」以
李遠哲來接其位子，說隨時做好了下台
的準備。5月3日，立法院審查中研院
預算，立委又逼他退位，竟然說出他
太老了、該打屁股的粗話。並質問院長
為何沒有退休制？吳院長答不出個所以
然。其實很容易解釋，院長係由評議會
所推選，與立委同樣有民意基礎，而且
是教育水準最高的民意基礎，即使是總
統也無權免職。不此之圖，卻說「有很
多同仁要求他不要離開」，這個理由完
全站不住腳。5月3日，《自立早報》
又刊出鍾竹屏的報導：〈吳大猷該下台
了〉，說他「早已垂垂老去，他不應該
再佔著茅坑不拉屎，該歇歇了，把棒子
交給精力充沛的一代。」一個國家最高
學術研究殿堂的首長，竟被民意代表及
輿論界如此羞辱，真是情何以堪！

　　10月16日，吳院長在評議會中宣
布：昨天已向李登輝總統辭職。聽說李
總統連禮貌性的慰留也沒有一句，真

1993年10月17日《聯合報》報導：吳大猷
院長「該讓位子了……」左為李遠哲。

是太令他難堪了。12月2日之院務會議，是吳院長在院最後一次主持之院會，我在會場門口與之相遇，握手致意，他說好久不見了，馬上又更正說好幾年不見了。說話時有氣無力，完全失去了當年的自信、自負與豪氣！他主持報告事項完畢後即退席，交由羅銅壁副院長代為主持。最後一個議案為討論「中央研究院優遇卸任院長要點」，無異議通過。中研院過去五位院長，只有朱家驊和王世杰兩位是在職退休的，都沒有享受到任何優遇。

12月11日，評議會舉行臨時會，選舉院長候補人，只投了一次票即選出三人：李遠哲45票、錢煦26票、余英時25票。23日，總統特任李遠哲為中研院院長。1994年1月15日，新舊院長交接，由副總統李元簇監交。

中研院的前六任院長，蔡元培、胡適曾任北大校長；朱家驊、王世杰、錢思亮及吳大猷，則均曾在北大任教；可以說一脈相傳。因此，中研院始終保有蔡元培主持北大時的遺風。吳大猷先生之逝世，似乎象徵著北大之學術傳承告一段落。

（原載：台北，《聯合報・聯合副刊》，2000年3月5日。

2007年4月18日修訂。）

我追隨過的兩位中研院總幹事

中央研究院的總幹事，是院內實際行政的中樞，照傅斯年的說法就是「內閣制」。由此可知總幹事一職在中研院的地位及重要性。我在中研院曾追隨過兩位總幹事：高化臣與韓忠謨，兩人都是台大法學院的教授。高先生積極負責，勇於任事，予人以強勢、專斷的感覺；韓先生則遇事推拖，怕負責任，看起來是好好先生。錢思亮和吳大猷兩位院長的性格、作風，也是截然不同；他們所聘請的總幹事，竟然也是完全不一類型的人。我盡了最大的耐心來調適，仍然有許多格格不入之處，發生一些不快，最後斷然擺脫了所兼的行政工作，重回近史所。茲將與兩位總幹事相處的經過，擇其比較特殊者記述如下，也算是一些儒林掌故吧！所記類皆瑣屑小事，但見微知著，由其個性及處理事情的態度，也可據以檢查一下對院務所產生的影響。

（一）高化臣總幹事

(1) 我與高總幹事的片片斷斷

　　1970年11月2日，高化臣先生應錢思亮院長之聘接任中研院總幹事。我第一次與高先生接觸，是為了分配宿舍的事，不料竟發生了不愉快。事情是這樣的：我結婚後，在松山賃屋而居，房租是一項沉重的負擔。適因近史所同事李恩涵先生出國進修，我於1970年10月借住他在南港研究院路2段61巷4弄6號的宿舍。隔壁8號是配給物理所吳先生的，吳先生過世後，吳太太遷居他處，而委請李佩珂先生照料其宿舍。到了1971年，李恩涵先生要自美國返台，要我在6月15日前遷出。我又為了住的問題大傷腦筋。這時，因與李佩珂先生比鄰而居，相處十分融洽，他說，他是單身，一個人住在眷舍是種浪費，而吳太太又不可能回來住，讓我請研究院設法收回來重新分配，如果我能配到，就可解決住的問題了。那時分配宿舍要比點數，我便先就點數比我高的同仁

高化臣總幹事
（任期：1970年11月~1983年1月）

逐一徵詢意見，在他們都無意配住這一戶後，即於1971年4月底去見高總幹事，談了一個小時，請設法收回重新分配，高先生面允早為解決。因為李恩涵先生返台在即，在時間上十分急迫，所以在5月7日再打電話給高先生，催詢分配宿舍的事進行得如何了？可能是語氣急了點，高先生很不耐煩的說：「陶先生，你要知道，4弄8號宿舍即使騰出來，也不一定是配給你。」我聽了十分生氣，即答以：「高先生，我只是請院裡快點按照宿舍分配辦法分配，分給我，我就住；分不到，便趕快另租房子，好將4弄6號歸還李先生。不是讓院裡一定要分給我。可是如果收回來分配，則未必不是我的，要分配後才知道。」說完我不等他回話即掛斷。事後想想，當時為了住的問題，心情非常焦慮，完全沒有顧及到基本的禮貌。這是我與高先生的第一次不愉快。

為了這戶宿舍的收回及分配，我不知費了多少唇舌，浪費了多少時間，在歷經無數波折後，於6月11日開宿舍分配會，比我點數高的幾位同仁都棄權，就以積點最高依章分配給了我。這段期間所付出的心力，總算沒有白費。稍加整理並刷了油漆，於6月20日一早就搬至4弄8號。而李先生也在這天返台，總算沒有耽誤他住。

刷油漆時，依規定院裡只負擔刷塑膠漆的費用，我則負擔塑膠漆與油漆的差價。不料7月19日，高總幹事囑咐總務組退還我所付的差額。後來才知道，會計年度就要結束了，生物中心尚有四萬多元沒用完，送總辦事處支配，所以才有多餘的錢退給我。這是我完全沒有預料到的。由此可見，高先生對我在打電話時頂撞他一事，並未放在心上；否則，就不會主動退費給我了。

1978年3月14日，接到高先生電話，要我寫一篇蔡元培先生傳，作為中央研究院成立50周年院慶特刊之附錄。即遵囑趕寫了一篇〈蔡元培與中央研究院〉送去。同年4月，一位北大出身的監察委員在《人與社會》雜誌上寫了一篇紀念蔡元培先生的文章，基於對蔡先生的尊敬，對拙作有所曲解、並提出質疑，高先生看到後影印一份送我，我即寫一文答辯，在6月號同刊物登出。也可看出高先生對中研院的愛護、以及對一個晚輩的關愛。

　　1981年9月，我奉調總辦事處兼任秘書主任，事先高先生當然是知情的。到了秘書組後，便與高先生在工作上有了密切的接觸，對他也有了比較深入的了解。其行政經驗非常豐富，是教育界、學術界公認難得的行政長才，處理事情明快，對人、對事都看得非常透徹，同仁有什麼長處、有什麼短處，都一目了然，所以出言往往一針見血！他令人佩服、畏懼者在此，而得罪人處也在此！由於他遇事當機立斷，難免予人以專權感，各所長都感受到很大的壓力。當時錢院長年事已高，處理事情謹慎有餘，但顯得有些迂緩而缺乏效率；高先生的精明強幹作風，恰可有所彌補，但偶爾也會顯現出一些不太協調的畫面。

　　錢院長與高總幹事，都是處理公事的高手，我看了很多，也學了一些。例如：1982年7月6日，史語所一位宋先生在《自立晚報》為文歷數立法委員康寧祥指責本院保留款之非，高總幹事認為不宜得罪立法委員，囑速更正。院除向審計部道歉外，並以錢院長名義函康委員道歉，謂將作適當處分。史語所丁邦新所長則以失察簽自請處分；至於如何處分宋先生，請院長裁決。錢院長則移請高總幹事惠示意見。高先生則送丁所長再簽，丁所長簽予以警告送呈。高先生在丁所長的

簽呈上簽名後送錢院長，錢院長仍請高總幹事惠示意見。高總幹事再令人事室簽，人事室主任僅簽名，又送高總幹事。高總幹事說，錢院長認為警告太輕，但不願批記過，故請高總幹事簽。高總幹事亦不願簽記過，乃送人事室簽，以其主管人事之獎懲。人事室主任不懂，僅簽名，如何能解決問題？故高總幹事再退給人事室主任簽具體處分意見。處分之後，既可堵康委員之口，又不傷主管與宋先生之感情。由此事往返過程，可知處理行政工作之學問大矣。

我在總辦事處與高先生相處，雖然只有短短一年四個月的時間，由於還沒有適應行政工作的「文化」，仍然是可以任勞、但不能任怨的脾氣，所以也發生了一些不愉快的事。例如1982年9月23日，高總幹事為送《漢學會議論文集》事，直接交代秘書組周天健先生擬致各部會首長函稿，至下班時周先生尚未擬妥。24日上午，周先生還沒有到辦公室，高總幹事便來催了，問我寫好了沒有？我答不知道。高總幹事乃厲聲責曰：你是秘書主任，這是你主管的事，你怎麼不知道？辭氣非常嚴厲！平常各級主管處理事情，偶有不合高總幹事意時，詞責立至，不留一點尊嚴，大家都習以為常，忍一下也就算了。我這時實在忍無可忍，在被激怒的情形下，山東牛脾氣馬上發作，即大聲抗言，你直接交周先生辦稿，並不是交代我轉交的，我怎麼知道？那可如此不講道理！我當著秘書組許多同人的面頂撞他，使他非常下不了臺！平常，高總幹事每天不知要到秘書組多少次，自這時起，大約有一個多月，他沒有再踏進秘書組辦公室的門。事後想想，當時雖然是累積了多日的悶氣、未經思考衝口而出的頂撞，但高總幹事畢竟是師長輩的上司，又是山東鄉長，而且他的健康情形欠佳，身體不好時容

高化臣校長晚年接受中正中學學生獻旗。
（洪縮曾攝）

1988年2月25日（農曆正月初九），為錢
故院長81歲誕辰，中研院在台大思亮館舉
行紀念演講會，高化臣（右）與錢純在錢
校長銅像前合影。

易發脾氣，身為晚輩，終嫌過分了些！

自我到秘書組後，高總幹事曾兩次出國，都囑我代理，記得1982年4月27日，接到他自美國給錢院長的信，報告將於月底返院，在信中提到我時，有「忠勤明敏，以院作家，必符厚望」之語，錢院長特別出示給我看。溢美之辭，令我十分感激！他退休後，仍時常關懷我的工作及生活，並偶約中研院老同事餐敘，見面時彼此都不提過去那些不愉快的事。如今高先生也歸了道山，回想起這些往事，反令我益增慚愧！

（2）高化臣小傳（1913-2006）

（1999年，我曾為張玉法、李雲漢主編的《山東人在台灣叢書——黨政篇》[註1] 寫過一篇高化臣先生的小傳，當時高先生尚健在。茲再稍加補充。）

高化臣，山東滕縣人，1913年12月10日（農曆11月13日）生。日本京都帝國大學法學部畢業。早年追隨胡宗南將軍服務軍旅；後轉入教育及學術界工作，迄於退休。

1938年，第十七軍團軍團長胡宗南率所部由上海移駐陝西，沿途收容青年一千餘人，亟須先予訓練，以培育長期抗戰軍政幹部，乃請准在西安王曲成立中央軍校第七分校，胡宗南任分校主任，高化臣自是年7月至1945年8月任第七分校上校政治教官。

1945年1月，胡宗南繼陳誠為第一戰區司令長官，高化臣先生於同年9月至1947年7月任第一戰區司令長官部上校秘書。1947年3月4日，各戰區長官部撤銷，設綏靖公署，以胡宗南為西安綏靖公署主任，高化臣於是年8月至1949年12月改任西安綏靖公署上校秘書。1949年12月7日，政府以顧祝同代張群為西南軍政長官，胡宗南為副長官兼參謀長，高化臣即於1950年1月至3月任西南軍政長官公署上校秘書。

1942年，正值抗日戰爭最艱苦的階段，大片國土被日軍侵佔，許多青年學子從淪陷區跑到大後方的西安，不僅生活艱苦，更面臨著失學的困境。而胡宗南部之軍官佐，因待遇菲薄、生計艱困，也無力送子弟入學，接受正常教育。胡宗南為解決此項困難，特於1942年在西安翠華山麓的一座道教寺廟太乙宮（西安城南約30公里處），創辦中正中學一所，實行半軍事化教學，教師都列入第七分校「教官」的編制，所需皆由總部供給，以第三十四集團軍總部參謀長盛文（國輝）任董事長，首任校長為林文淵，一年多後由王九思接任，他聘高化臣為訓導主任。高化臣在管理上極為嚴格，不久就離開學校。大約在1945年夏，張家範接任校長，因管理不善，釀成學潮而離校，師生迎高化臣回校任校長。高化臣治校嚴謹，負責盡職，大事小事，一絲不苟，而且記憶力驚人，你偶爾犯錯，他會瞪你一眼，再錯被抓，他可會數落人哪。

1948年，學校由太乙宮遷到西安市東縣門大街。1949年春天，西安形勢緊張，5月18日，胡宗南率軍從西安撤退，高化臣校長奉命率領南下的師生，轉移至四川灌縣，利用當地「空軍幼年學校」的校址，新辦一所中正中學，6、7月招生，9月開學。由於時局變化，當年12月就解散；高校長帶領少數學生，輾轉來到台灣。西安原中正中學，高校長指示由田竹橋老師主持工作，改名「明誠中學」，不久中共下令解散，西安中正中學宣告結束。自1942成立到1949年結束，經歷了八個年頭。不料高化臣在辦理退休時，他在軍中及中正中學服務的十二年年資，教育部竟不予採計，損失不貲。

1951年2月至1952年7月，高化臣任台灣省立師範學院（國立台灣師範大學前身）副教授兼總務主任。

1951年3月，胡宗南奉命任江浙反共救國軍總指揮，整理指揮沿海游擊部隊，9月進駐大陳。高化臣於1952年8月至1953年5月任江浙反共救國軍總指揮部經濟處處長。該年7月，江浙反共救國軍總指揮部撤銷，高化臣於6月至10月，改任浙江省政府經濟處副處長。

這時，台灣大學要物色一位總務長，在某次校務會議中，錢思亮校長徵詢大家的意見，曾在師範學院兼主教席的戴運軌教授便提到高化臣。其實戴教授與高化臣素不相識，但知其治事勤慎，而錢校長當即欣然接納了戴教授所提到的這位陌生人。其時高化臣尚在大陳，並不知情；直到1953年返台後，錢校長親往敦請，乃應台大之聘。自1953年10月起，被聘為台大學法學院法律系副教授，1961年3月升教授。自1953年11月至1958年7月，又兼任台大總務長。杜鵑花所以成為台大的校花，就是由高化臣與植物系的于景讓等教

授，在1956年至1961年之間考慮到台大的氣候而建議種植的。

　　1958年7月，梅貽琦（月涵）出任教育部長，借調高化臣擔任教育部總務司司長，原在台大教職，停薪留職。1961年2月，梅貽琦辭教育部長，5月19日病逝。高化臣循例請辭司長。錢思亮校長告以台大農學院實驗林管理處若干棘手的問題，尤其是民間積年濫墾盜伐情形嚴重，必須設法加以適當解決，特請高化臣兼任該處處長。他以非出身農林無法兼任婉拒，而錢校長囑望甚殷，加以農學院周楨院長及森林系劉棠瑞主任等也再三堅邀，在盛情難卻下勉為接任。他於1961年4月3日接任後，認為濫墾盜伐，固影響水土保持和森林資源，然根本解決之道，尚須兼顧林地居民的生活問題。遂與林地居民開誠相處，大力推展合作造林，並可協助改善其生活。彼等既知不干法禁，而又可積極參與國家林業的建設工作，自樂於從事，群情翕然。高化臣於1963年8月23日離開實驗林。在職兩年多期間，造林面積逐年增加，並注意林相的更新，濫墾盜伐問題逐一解決，南投縣議會感謝台大當局的合理措施，曾推議員代表專程向錢校長致敬。

　　1965年6月，閻振興（光夏）接任教育部部長。同年11月，開始籌備行政院青年輔導委員會，次年1月正式運作，閻振興為主任委員，首任秘書長為高化臣。（1982年青輔會組織條例公布施行）1966年6月，閻振興再借調高化臣至教育部任常務次長，至1969年6月內閣改組時卸任。仍回台大法學院任教。

　　1970年5月，錢思亮校長當選中央研究院院長，為借重高化臣長才，於同年11月2日借聘至中央研究院任總幹事（1989年修改組織法後改稱副院長），仍與台大合聘。高化臣協助錢院長拓展院務，綜管行政

事務，先後成立多所研究所及籌備處，加強科學研究設施，釐訂第一期五年發展計畫，貢獻至大。於1983年1月15日屆齡退休，再受聘為中央研究院三民主義研究所（現改為中山人文社會科學研究所）學術諮詢委員會主任委員，至1985年4月辭職。

1999年10月22日，高夫人蔡敏健猝逝，仍獨居台北市信義路一棟公寓內。2003年12月，消防局至其寓所裝置滅火警示燈，以防意外。不料於2006年2月14日夜間在床前跌倒，無力求救，及消防局經由「獨居老人緊急救援系統」發現時，已經沒有生命跡象的訊息。享壽93歲。3月6日，總統明令褒揚。

主要著作有「法學緒論」、「公司法論」、「票據法論」等書。

2004年12月17日午，高化臣先生在台北市天廚菜館召宴時與作者留影。同時應邀赴宴者：于宗先、張存武、黃國樞、王國璋（送高先生生日蛋糕）。

參考資料：

① 王玉傑主編：《春秋歌》（西安中正中學校友們的回憶錄），2005年7月於美國洛杉磯出版。

② 辰雨：〈懷念抗戰時期西安中正中學〉，《山東文獻》，第27卷，第2期，pp.30-33，2001年9月20日出版。

③ 高化臣：〈高山仰止〉，《錢思亮先生紀念集》，pp.86-89，1983年出版。

2007/04/08 修訂

（二）韓忠謨兼代總幹事

與中研院的淵源

1974年4月27日，中研院第八屆評議會第三次會議，決議設置三民主義研究所，並先成立籌備處。至1975年7月，聘有關專家學者十三人組成設所諮詢委員會，以韓忠謨先生為主任委員，

韓忠謨兼代總幹事（任期：1983年1月～1990年10月）

並兼代籌備處主任。這應該是他與中研院早期的淵源。就在1975年7月18至22日，我參加了國民黨知青黨部北區大專教授金門訪問團，到澎湖、金門參觀旅遊，北知青安排韓先生為團長，我雖為團員之一，但和團長沒有任何互動。同年10月，韓先生出任銓敘部部長，辭去三民所兼代籌備處主任，旋改聘陳昭南先生繼任。1982年12月27日錢思亮院長聘韓先生為兼代總幹事時，他是總統府有給的國策顧問。1983年1月17日上午，我奉派到韓先生家，去接他來院就任兼代總幹事，並陪到各組室拜會。從此與韓先生相處了6年多。在這6年多的時間裡，因為在公事上接觸頻繁，所以對他可以說有了比較深刻的認識。就我的觀察，他處理事情的方式，好像總是與一般人不大一樣。他是刑法學專家，著有《刑法總論》、《刑法各論》、《刑法原理》、《刑事法》、以及《法學緒論》等，可能是在精研刑法後，深知法之可怕，所以膽子變小了，遇事必定先考慮是否違法，力求明哲保身。故不免予人以怕負責任的印象。由於吳大猷院長充分授權他處理行政事務，因此對中研院自然產生若干不良的影響。茲就特別值得一提的幾件瑣事，紀錄如下，藉存史實。

工友升職員後工友年資退職案

　　1985年6月1日，接到人事行政局函釋：工友任職滿5年而依法升職員者，可辦理工友退職。此前，中研院有一位姜先生，已經用這種方式辦理過了。現在又有詹、林、蕭、盛四位同仁符合此項條件，申請依法辦理。不料主管人事者有不同的意見，韓代總幹事因此也就認為不合道理。我說，姜先生既可辦成，其他四位同仁自可援例辦理，這是低層同仁一點應享的福利，不應予以剝奪。6月5日，韓先生囑

連同姜先生案再函人事行政局解釋。他以為由工友提升為職員,已是天大的恩惠了,若再為之辦理工友退職,豈不是享受雙重優惠?太不合理!我認為姜先生之退職金已經領到,如果人事行政局再解釋為非法,豈不是要退回?若然,將引起多少困擾?

6月11日上午,韓先生再約人事主管和我談工友退職案,他仍主張將姜先生案敘入函人事行政局,人事室這時也知不妥當了,不敢將姜案敘入,以免構成失職,兩人僵持不下。我打圓場,由秘書組將詹、林、蕭、盛四位同仁升職員之資料,函請人事行政局解釋是否符合辦理退職。至7月13日,人事行政局復文到院,明白表示四位都符合規定,可以辦理工友年資退職。本案至此應該沒有問題了,不料30日上午,吳院長與韓代總幹事又召我去談工友退職金案,韓先生仍憤憤不以為然。我再舉姜先生的例子加以說明,他任工友30年,升職員後,再過10年即屆齡退休,若任工友30年之年資不辦退職,升職員後之退休年資僅有10年,則升職員對他將是一大損失,豈是為予以獎勵才升遷之本意?吳院長一聽即完全領會,立即裁定照規定辦理。此案本是政府照顧低層公務人員的一項德政,也是一件很平常的例行公事,沒有任何違法問題,可以片言而決;孰料卻因韓先生一念之間轉不彎來,困擾了兩個月之久,繞了一個很大的圈子,白白浪費了許多人的時間及精力;而四位領到退職金的同仁,原本心存感激,經此不必要的折騰後,不免暗自嘲諷:「天下本無事,庸人自擾之!」

丁肇中院士來台選拔學生案

1976年諾貝爾物理獎得主、美國麻省理工學院教授丁肇中院士,在美國、西德及瑞士都有頂尖的實驗室,而以瑞士的規模最大,有助

理350個博士在從事原子核內構造之探測。他經由舉辦國際性的考試，錄取了一些具有優秀物理天賦的年輕人到其實驗室工作，各國人都有，包括大陸及蘇聯。

　　1983年6月14日，丁肇中院士來台選拔學生，這是為他的實驗室向全球招考學生以來，第一次在台灣招考，先舉行筆試。8月9日電告，謂在台大、清華、東吳、東海四校應徵之58名資優生中錄取了六名，台大五名，清華一名，訂於20日來台親自面試，將錄取兩名赴美深造。8月20日晚，他與太太及兩個女兒抵台，我在機場為之安排了記者會。21日晚，中研院在來來飯店歡宴其全家及他尊翁丁觀海教授，錢思亮院長因病住院，由韓忠謨代總幹事出面招待。其中有一道菜，係用百香果之子做的甜湯，名「百子千孫」，丁夫人不諳華語，當她聽到英文的解釋後，即曰：no daughter。一語道破了中國重男輕女的傳統。席間，丁院士說，他有五個大陸學生隨其工作，係在合肥科

1983年8月21日於來來大飯店晚宴時攝，丁觀海（中）及丁肇中夫婦和兩女兒。

技大學、哈爾濱、西安交通大學各選一人，科學院選二人，都非常優秀。他在西安所選的學生，並未受過中等教育，衣服破的一個洞一個洞的，但很優秀，他非常賞識。他給每個學生年薪兩萬美元，照那時大陸上的慣例，政府要抽成，丁院士特去見鄧小平，說這五個人係為他工作，其應得報酬必須全部用在五人身上，否則即不付給他們這麼多。鄧小平立即同意。丁院士又要求國務院，在工作未告一段落前，不得任意召回這五個人，亦獲同意。國務院則反問丁院士：這五個人學成後，如拒絕回大陸將如何處理？丁院士答以恕不負責。可見對他禮遇之一斑。

丁院士在台初選的五位學生，原安排分三天面試，旋又囑改為兩天，8月22日上午口試二人，23日上午口試三人。由清大教務長李怡嚴、台大物理系王亢沛、中研院物理所林爾康三位教授協助。27日上午，蔣經國總統召見。下午我陪丁院士逛台北市手工藝中心，再到中山堂前尋舊。他是一位很念舊的

1983年8月27日，作者陪丁肇中院士於台北市中山堂前留影。

1983年8月27日，作者陪丁肇中院士於台北市西門町圓環高架橋上。

人，站在西門圓環之高架橋上，追憶當年中華路的風貌，真北平、清真館仍在。步行約一個半小時，手持新加坡李光耀總理所贈的萊卡相機，不停的拍，自由自在的在人群中穿梭，路人也不以為意，可以親自體認一下社會各個層面，十分高興，認為係此行最大的收穫！他對官式的拜會及會議，均不感興趣，連美國國家科學院之院士會議也都不去參加，認為都是無聊的談話。對記者之窮追不捨，更是厭惡。他與我也可能是山東同鄉的關係，聊的非常愉快！

丁院士於8月28日返美。可是考試的事，遲遲沒有結果，很多人耽心，如果入圍的五位學生全軍盡墨，將對國內的物理學界打擊很大。直到12月29日下午，接到丁院士電報，謂錄取張元翰一人。他想請張元翰於1984年2月底赴美兩個禮拜面談，並授予資料。我在擬覆丁院士電報稿中，敘明此事本院正與國防部接洽中，俟得覆另行奉告。不料韓忠謨代總幹事深怕張元翰一去不返，則責任太大，囑改為張之赴美，由張向國防部申請，能否成行，則視國防部之決定而定。他認為這樣做，中研院可以一點責任都不必負！

1984年1月4日，我與那廉君先生商量，為彌補韓代總幹事致丁院士電報之缺失，擬請吳大猷院長函行政院長孫運璿交國防部簽辦。是日上午團拜時，吳院長云，國防部已與他聯絡，可設法令張元翰赴美，惟需本院辦一函稿，俾有所依據。即囑擬稿呈判。韓代總幹事見到所擬文稿後，仍堅持本院不得代為辦函國防部，以免張元翰一去不返而構成妨害兵役法。我說此係國防部主動電告院長，他們可予幫忙，惟需本院去一公函，該稿係院長交辦的。韓先生仍持不可，謂代為申請赴美兩周萬不可行，如代為申請准予提前退役，若該部照准，

則不發生妨害兵役法問題。我莫可奈何，只有照其意改稿。翌日，韓先生又將致國防部稿改為丁院士主張提前退役，但所附丁院士之電報中並無此意。一切推到丁院士身上，顯然欲以此打馬虎眼的辦法逃脫責任，真不可解！該函稿並未送吳院長過目，亦不送他影本，致吳院長對此事以後的進展竟不接頭，轉由那廉君先生向我索一影本。1月9日，國防部電告，允先調張元翰至中正理工學院，再辦理提前退役。國防部中真有通情達理的高人！11日，傳記文學劉紹唐社長之夫人王愛生電告，其友人之子張平已接到丁肇中院士之通知，將於二月間至其美國實驗室工作。是丁院士在台錄取之第二人。

1月26日，接到丁院士電報，我簽請將丁院士之電報辦稿轉送國防部。韓先生竟說事已解決，不必再轉。我說不轉國防部無所依據，吳院長也認為應該照轉。乃辦稿，稿送韓先生，他拒不簽字，經那先生逕送吳院長批照發。27日，國防部同意張元翰以丁院士之獎學金名義赴美深造，請本院告知出國日期，以便辦理出國手續，於明年5月其所服預官役期滿時，由張元翰自行決定繼續留營或退役。這比我們所能想像的解決辦法更為高明、圓滿。

對於本案諸多不合常理的周折，我以常識判斷，中研院並不是權責單位，函國防部如獲同意，就根本沒有妨害兵役法的問題；若不同意，則可據以答復丁院士，也好有個交代。道理非常簡單，可是韓代總幹事為法學名教授，何以一直排拒？就怕違法？真令我百思不得其解！

丁院士免費為國家培植人才，中研院只是一個居間聯絡的機關，理應盡全力予以協助、玉成，不料却生出這麼多不必要的枝枝節節，

幸虧國防部沒有本位主義的觀念，而以為國培養人才為重，不拘泥於服兵役年限等細節，才使丁院士的美意，順利達成！直到2004年10月17日，在《聯合報》看到〈遇到丁肇中‧張元翰改變人生〉一文，才發現中央大學物理系系主任，就是當年丁院士所選取的張元翰先生！深為這樣優秀的人才，沒有被埋沒而慶幸！

四個蓮蓬頭的故事

　　1987年5月12日上午十時，土地規劃小組委員、總辦事處各組室主任及承辦工程之同仁，在物理研究所之會議室舉行興建行政大樓比圖會，吳大猷院長和韓忠謨代總幹事共同主持，到了三家建商，此前為本院設計學術活動中心入選之利眾林柏年建築師，也到場再參加行政大樓之比圖。吳院長先對林建築師說，本院學術活動中心之6樓為研究生宿舍，室內不要裝浴缸，因為四個人一間，學生都懶得洗浴缸，不衛生，一定要裝蓮蓬頭式的淋浴。林建築師答應照辦。不意韓先生立即接口說，6樓是四個人一間，要裝四個蓮蓬頭。他大約是想要強調一下吳院長要裝蓮蓬頭的意思，並未細想數量問題，說完了也沒有再想想有沒有語病。當場林建築師實在不便接腔，而吳院長也不好立即糾正，可是所有與會者都聽到了，無不掩口竊笑！不知他是一時糊塗？還是為了討好吳院長？事後有一位記者私下向吳院長求證，其本意是想提醒吳院長，韓先生之精力可能有些不濟了，是否該考慮物色一位年富力強的副手？沒想到吳院長矢口否認有這麼可笑的事。更想不到他老人家竟為此事對我十分不滿，因為他非常痛恨「家醜外揚」！而且認定將「家醜外揚」的，一定是我！

1988年7月18日《自立早報》第五版，發表朱敬一（後來曾任中研院副院長）的〈學術機構裡的父權心態〉一文，他在文中說：

「父權心態的第一個特徵，就是『家醜不許外揚』。機構內的任何不合理的事，都絕對只能向機構內反應，在機構內討論。一但外人提到了家醜，家長對外會立刻宣布自己的機構運作正常，何醜之有？！對內則嚴格追究消息外放的來源，看看這些向外宣洩意見的人是不是『別有用心』。至於家中是不是有醜聞？醜到什麼程度？醜聞的作用何在？家醜有沒有適當的『內揚』管道？這些事都要在『攘外』之後，那一天家長心情好的時候才可能拿出來討論。父權心態的另一項特徵，就是絕對的威嚴——有父權心態的機關首長絕不容許自己的權威受到任何形式的挑戰。如果媳婦對自己的待遇有意見，她可以『表達』，但絕不能『爭取』。如果許多子孫都對自己的待遇不滿，他們可以『個別』向家長表達，但絕不允許『集體』表達，因為集體表達至少看起來像是對家長權威的挑戰。」

這些話好像都是針對吳大猷院長說的，真是太切合不過了。令我不解的是：吳院長缺乏被批評的雅量，可是又經常在報端為文批評別的機關或其負責人，下筆毫不留情，完全沒有考慮被批評人的感受！拜讀朱先生大文之後，不免於我心有戚戚焉！

對過去的院務不滿

　　韓先生對中研院過去的一些院務，常有抱怨和批評，認為處理失當，造成他現在處理上的困難。所有過去他認為不合理的事情，我無法一一解釋的清楚，深以為苦！例如：1988年1月13日，蔣經國總統逝世。14日上午，我與總務主任趙保軒、人事主任黃萬枝三人，一起到韓先生處商量設靈堂事。韓先生問過去如何辦的？答：1975年蔣中正總統逝世時，南港區在台肥六廠設有靈堂，本院同人到台肥六廠去致祭。韓先生馬上說：怎可到台肥六廠去行禮？言詞之間，似在怪我們辦的不對，我即答以：當時我並沒有擔負行政工作，承問過去經辦情形，只是據實說明而已，到台肥六廠去對不對是另一回事，不能代過去承辦之人負其責任。試想：12年前的情況不同，怎可以這時的標準去衡量那時的做法？如果忽略了時、空的因素，就不免予人以「事後諸葛亮」之譏！

法學家修法有瑕玭

　　韓先生是法學名教授，他對問題的看法，總不免從法的角度去衡量。這是可以理解的。若是以他的標準檢驗一下他的做法，問題似乎更多、更大！

　　中研院的各項法規，行之有年，已自成系統，或被譏諷為自己關起門來做皇帝。因久未修訂，難免有些與現行法規扞格之處。1985年5月1日，教育人員任用條例公布實施。由於中研院人員之任用，一向比照各大學辦理，現在是否適用該條例？頗感困擾。5月18日，人事室即據該條例簽：本院行政人員因無任用資格，均不得升等。引起

所有行政人員的恐慌。5月底，吳院長曾面詢教育部李煥部長：教育人員任用條例是否適用於本院？李部長說應該不適用。直到1987年7月3日，行政院核定了教育人員任用條例施行細則，對本院構成了壓力。韓先生想修改不合時宜的法規，於10月16日上午，先協商總辦事處組織規程，秘書、總務兩組，是照院中之法規任用、升遷，並未送審。人事、會計兩室，則各循其系統之法規，經銓敘後任用。韓先生因為不能提升會計、人事兩室主任的職等，就要將總務、秘書兩組改為室，並降低兩組主任之職等，以與會計、人事兩室主任平等。我是以研究人員借調兼任秘書主任，完全不受影響；可是以後如果不是研究人員兼任這項職務，便會發生困難。況且總務主任到退休時，吃虧很大，怎會同意降職等的做法！所以沒有結果。他又與總統府及銓敘部商談修法事，也都不得要領，頗有挫折感。至12月19日，韓先生問我：總辦事處組織規程是何時訂的？答1939年。他又問：向何處備案？答：由院長批准實施，至1947年2月才修正為呈准備案後實施。不料韓先生即嚴詞質問我：如此重要法案，且涉及預算，為何僅由院長批准即可實施？否則也就不會造成今日處理之困難！我為之語塞，因為制定該項法規時，我年方6歲。現在我雖然調兼秘書主任，也沒有辦法將40多年前所訂法規的緣由解釋得清楚，當然更談不到代負其責任。可是他仍質問不已，其說話的語氣，好像都是我的錯！他又問：當時的院長是誰？我答：蔡元培。再問：其任期至何年？答：1940年3月5日病逝香港。他身居僅次於院長的重要職位，竟對中研院早期的歷史，而且是創辦中研院的蔡院長，一無所知，而且連院長並無任期之規定也不知道，真是不可思議！

韓先生一直在以他法學的專長，致力於修改中研院的組織法。1989年12月7日，行政院會通過本院組織法修改案。1990年1月17日，立法院三讀通過本院組織法，24日由總統明令公布，故趕在這天舉行院務會議，俾可照舊法通過新聘人事案。吳院長在會中首先說明：本院組織法經評議會授權修法小組開會通過後報府……。近史所張玉法所長即提請更正：修法小組至今尚未開會，遑論通過？韓忠謨代總幹事深感難堪，即起立說他是修法小組召集人，曾加整理。張所長再反稽說：只能說是召集人通過了，不能說修法小組通過，因為修法小組根本沒有開會，本人即為修法小組委員之一，並未接到開會通知。此種瞞天過海之做法當場被拆穿！他所以趕在立法院的這一會期通過，就是因為在修改的版本中，將總幹事改為副院長，通過後，他就是首任副院長。由此可知，本院組織法修改案，雖然提至評議會，但仍是草案，先徵詢大家意見，故成立修法小組，修法小組既然尚未開會，怎麼可以函送總統府？韓先生應該不會不懂這點道理吧！難怪在1990年7月16日《中國時報》26版之「時報科學」中，楊維敏撰寫〈六十年修法一次 還是黑箱作業！事關國家學術發展 焉能草草了事？〉在文中嚴加批評曰：

「這項六十年來首次的正式修法工作，卻被院內不少主管指為『黑箱作業』，甚至出現因其程序不完備而有主管不願承認新法的事實。……不少院內研究所所長及一級主管嚴厲的批評修法過程是『黑箱作業』，在少數人草擬過程下，中研院組織法草案只經過院內決策單位評議會一次的討論，即送

出中研院由立法院審查。……這根本是草草了事，在許多評議員尚未弄清楚草案內容，或仍有意見的情形下，草案居然已經送到立法院！——新的組織法——較明顯的改變只是增加了副院長及助研究員的編制，這兩個改革在中研院內獲得的掌聲最少，但引起的非議最多！」

儘管院內院外對這次修法有這麼多意見，吳院長還是聘請了韓忠謨先生為首任代副院長，對於所有的批評，也沒看到任何說明。這大概又是吳院長的父權心態作祟吧！

看門狗妙喻

各機關的政風單位，皆職司糾正不法之事，所以注定不會討人歡喜。中研院的政風室主任閻琴南先生，是文化大學中文系的博士，山東泰安人，燕趙兒女，難免具有嫉惡如仇的個性。也可能是山東同鄉的關係，和我頗為相投。他因職責所在，看到不合法的事，就設法糾正。被糾正的，總是不服，所以常有些糾紛要申訴到院長、總幹事處，因而被長官認為破壞了院中和平雍穆的空氣，有些不予諒解，更遑論支持！1987年5月初，閻先生為了兩個單位主管受賄及乖張不法之事，在竭力匡正時，受到了很大的委屈，氣憤之餘，特來找我訴苦，藉舒鬱悶之氣！他說：吾等好比看門狗，見了小偷就咬，以盡應盡之職責，不僅未獲主人贊許，反被一腳踢開。人家是放火的，我是救火的；但在長官的心目中，放火者無罪，救火者反而錯了。因為影響他做太平官。真是天道寧論！我非常同情閻先生，因為我和他的感受是相同的！

韓忠謨小傳（1915-1993）

　　韓忠謨，字筱初，1915年7月28日（農曆6月17日）生。江蘇泰縣人。1934年夏，考入國立中央大學法律學系，1938年畢業。1948年赴美國耶魯大學攻讀，1950年獲法學碩士。1962年9月至1963年7月，至美國芝加哥大學訪問研究十個月。

　　1954年8月，台灣大學延聘為法學院法律專修科（後改為法律系）副教授，1964年8月升教授，繼兼系主任，並歷任訓導長（1966）、法學院院長（1970）、教務長。任系主任時，廣延名師，增闢課程，充實圖書設備，規模大具。

　　1975年10月，改任考試院銓敘部部長。1977年，出任司法院副院長。1981年，應聘為台大名譽教授。傳聞即將接任台大校長，忽於1982年，有人投書報端，謂：「異議分子多出自台大法律系，而其皆為韓忠謨之學生，韓氏主持該系及法學院多年，思想必有問題」等語，因而未獲出任台大校長，令他氣憤難伸。

　　1983年，中央研究院總幹事高化臣屆齡退休，錢思亮院長特聘韓忠謨繼任總幹事，因時任總統府國策顧問，故以兼代總幹事名義相助為理，於1月17日到任。9月15日，錢思亮院長不幸病逝，吳大猷繼任院長，韓忠謨留任兼代總幹事。1989年底，修改中研院組織法，取消總幹事職稱，增設副院長一或二人。1990年2月，韓忠謨改任代副院長。由於院中同仁對於這次修法，認為程序不完備，而副院長之任命，正是根據這次修的法，所以引起很多人的不滿。據1990年7月6日《自立晚報》記者陳玖霜的報導「中央研究院人員普遍對代副院長韓忠謨不滿，指責其『欺上瞞下』、『一手遮天』、『專制獨裁』，要求撤換

或增設一年輕具衝勁人士任副院長以制衡。對此，韓忠謨表示，他祗是借調中研院協助院務而已！他不是中研院的人，早晚他都要走的。」在這種氛圍下，韓忠謨在副院長的位子上，並不十分愉快！

1990年7月15日，元配尤亞芳女士病故，年77歲。同年10月14日上午11點多，韓忠謨因想拍幾張証件用的照片，從泰順街家中出來到照相館照相，才走到和平東路人行道上，突然被一隻大狼狗撞倒，左側股骨近骨頭處完全骨折，被送至台大醫院救治。原來這隻大狼狗，是看到不遠處也有一隻體型與牠類似的狼狗，不顧一切往前衝，沒有閃開擋其路的人，於是釀成一場「狗禍」。（見1990年10月15日《聯合報》第六版記者郭錦萍的報導）吳大猷院長旋聘李崇道接任其副院長。

1992年12月24日，韓忠謨忽感不適，係腸癌宿疾復發，入台大醫院療治，至1993年7月24日，以心臟衰竭故世，年78歲。10月4日，總統明令褒揚。

2007年6月18日

【注釋】

註1：台北，財團法人吉星福張振芳伉儷文教基金會編印，第2章，第2節，
　　　叁，pp. 70-72，1999年11月20日出版。

1987年，我尚奉調在總辦事處擔任秘書組主任時，近史所張玉法所長因我職務上有搜集院史資料之便利，囑我兼管近史所新設立之院史資料室。在11月16日接到聘書當天，我到總辦事處（時尚未改建今行政大樓，為一工字型建築）儲藏室找一份資料，意外的在廢棄的報紙堆中找到五個上面寫著「中英文教基金會檔案」的木箱。詢問之下，沒有人知道究竟是哪一個單位的。檔案跟雜物放在一起，既然無人經管，我便找工友以板車拖回所來，暫放到檔案館；在尚未弄清楚來源及歸屬之前，暫不開箱。經過多方打聽後才了解，朱家驊院長曾任中英文教基金會董事長，該會結束後，朱院長交存本院；朱院長逝世後，未列入移交清冊。在知道檔案緣由，不會有問題後，才請院史室開箱。這算是我一接任院史室就送給所裡的一份禮物。

此前，我在偶然的機會中，也曾徵集到一些與院史有關的檔案，茲依時間先後簡述如下：

175

王世杰院長檔案

1982年3月15日，王故院長世杰先生的二女公子王秋華教授（名建築師，在台北工專任教）來院至美文所瞻仰甫塑好的王院長銅像是否安置妥當，並禮貌性拜會錢院長思亮先生。是日中午，錢院長在蔡元培館宴請自美回台的前近史所所長梁敬錞（和鈞）先生（曾任一年所長後辭職），讓我派車去接他，便順道送王秋華教授回台北。在車上聊起來，我提到說：「王院長的檔案放在家裡，一方面保管、整理很難，一方面是水災、火災及蟲災等也難於防治，不如交送近史所整理、保管；開放與否，將會尊重家屬們的意見。」

她當時聽了說：「這樣太好了！」欣然同意。國史館之前對此批檔案亦深感興趣，尤其屬意王院長的日記，因為王院長在政府任職多年，參與過許多機密決策的工作。國史館多次接洽，家屬始終未同意。我這樣一提，她很贊成，並說逕與她弟弟王紀五先生接洽即可。我回來立刻報告當時的所長呂實強先生，請即刻著手進行。

從1982年3月呂所長跟王紀五先生聯絡，至1983年9月第一批檔案送來，交涉細節須問呂先生，我不清楚。我只是在此期間，請總務主任趙保軒先生從旁敲敲邊鼓，協助促成。趙先生為武漢大學畢業校友，王院長曾任武漢大學校長，他請趙先生來院當總務主任，足見師生關係密切，而趙先生也與王家上上下下都熟稔。我對趙先生說：從學歷史的角度來看，個人檔案存在私人手中，頂多是當成收藏品，無法發揮檔案本身的作用，十分可惜；以王院長豐富之經歷，若將其檔案捐給中研院，不僅有專人妥為保管、整理，以解決家人庋藏的困

難；治近代史的學人，也可以參考此項珍貴史料，撰寫論文，解開一些重大事件的謎題，可以說對雙方面都有好處。

在趙先生熱心幫忙下，1983年、1985年分別送來兩批王院長的檔案，目錄也先後編成。趙先生除居間幫我們催促外，他也感覺這是深具意義的事，也將他自己保存的一些王院長檔案陸續整理出來送給近史所。其數量雖不太多，但使王院長的檔案更見充實。

王院長百年誕辰前，張玉法所長交代我，把王院長的日記印出來，作為紀念。經徵得王秋華教授、王紀五先生同意後，承本所張力先生協助，在很短的時間就影印出版了《王世杰日記》，趕上百年誕辰紀念。該日記一套十本，始自1933年5月，止於1979年9月，歷時47年。出版後聯合報有意再出版排印本，並加製索引，除解決辨認行草的困難外，查閱也更為方便。但苦於手民不認識其字，遲遲未能進行。我說：「只要你們肯出印刷費，我願義務校對一次。王院長的字，除非他討論書畫或某些專有名詞外，我可認得百分之九十以上。」可惜此事並無下文。

王院長的日記中有提及李敖先生的地方，用了很不好的字眼。在日記中作任何批評都無所謂，可是一旦印行，公諸於世，便會惹來麻煩。後來引起李先生的控告，他告吳大猷院長、張玉法所長和授權將日記送給近史所的王紀五先生。日記是由我和張力先生編的，以近史所的名義出版，未用我們的名字；我與李敖係大學同班同學，私交也不錯，在出庭時我跟他開玩笑：「這日記是我編的，你真正該告的人是我。」他說：「我告書上有名字的，你沒名字，沒你的事。」訴訟最後以不起訴處分，也算是一個小插曲。

日記出版後，王家十分滿意；所以後來王秋華教授一找到與院裡有關的資料，就通知我去拿。一次，她家裡找到胡頌平先生編的胡適院長年譜油印打字本一大箱，這是未經刪改的初稿本，較聯經公司的鉛印本為佳。我就坐我兒子的車去搬回來，送給胡適紀念館庋藏。

我整理王院長日記時，發現他曾修改過很多次，其中最重要的關鍵人物是其姪子王德芳先生，他為王院長處理機要文件，後移民南美，早已逝世，如尚健在的話，他家中應尚保有一些資料。為何說王院長的檔案並不完整？王院長是在汪精衛任行政院長時擔任教育部長，而開始其政壇生涯的，應該算是汪派的人。在汪組織偽政權後，王院長轉為蔣中正先生所重用，襄贊中樞，成為核心人士之一。業師吳湘相教授早年撰寫有關汪精衛的文章時，王院長曾特別約吳教授去看過汪的信件。但在給近史所的檔案中，怎麼找都找不到這些信件。我曾問王紀五先生的夫人及王秋華教授，都不知情。希望這些資料仍存在王德芳先生處，未被燒燬。然而是否能有重見天日的一天，則很難說。

錢思亮院長檔案

錢院長的檔案實多屬例行公事，因為他職務單純，任台大校長的檔案存台大；任研究院院長的公事均存在總辦事處；家中則多半為別人致贈的書籍，或批閱存留的檔案，史料價值不是很高。我擔任秘書組主任是錢院長找我去的，所以1983年9月15日錢院長病逝時，自然義不容辭協助處理後事。錢院長的長公子錢純（伯玄）先生，時任中

央銀行副總裁，次公子錢煦（仲和）先生是中研院生物組院士，三公子錢復（君復）先生則供職外交部。在處理錢院長後事時，我跟錢純先生說：「府上賢昆仲沒有人從事歷史研究工作，錢院長的檔案是否送交近史所代為整理、保管？」錢純先生二話不講：「沒問題！」我說：「要不要三兄弟商量一下？」他很乾脆地回答：「這不需要。我們錢家的規矩，父親在父親作主，做兒子的不能有意見。現在爸爸走了，我是家裡面的兄長，我講可以，兩位弟弟不會反對。我同意了就可以了！」。

錢院長的秘書那廉君先生因自台大時期就跟隨他，了解錢院長往來關係，與錢家關係匪淺；我和另一位年輕同仁張正岡先生陪同那先生一塊去錢家整理。那秘書較謹慎，有些向錢院長告狀、批評的資料，他怕留下會惹禍，主張丟掉。我則主張檔案儘量不要丟，但是我工作忙沒辦法全天在那兒，最後他還是在院子中燒了一些資料。燒時不知裏面夾帶了什麼東西，可能類似DDT的罐子，發生一次小小的爆炸。他們回來跟我講這件事，我用開玩笑的語氣說：「那先生，別燒了，錢院長最重視檔案的保存，恐怕是錢院長在天之靈也不同意燒檔案吧！」他才未繼續燒。

資料整理好後，近史所派不出適當的車子來，因為書籍的數量很多，既然人家贈送，不能只要檔案，不要書籍，得全部拿回來。後來錢純先生說你們不必找車了，他派了中央印製廠的運鈔車將所有資料送到所裡。

朱家驊院長檔案

朱家驊院長檔案早已於1963年送交近史所，在院史室的檔案中，這是最為完整、也最有價值的史料；但還有部分機密資料由其姪輩的朱受頤先生保管。朱受頤先生一直在研究院秘書組負責監印的工作，資格很老。朱院長在大陸時期任組織部、教育部長時，他就替其保管電報密碼本，是朱院長最親信知己的人。朱院長過世後，有些檔案還存在他手中。

朱受頤先生保管的這部分檔案，可能家屬要收回還是其他原因，他利用中午時間在秘書組的影印間影印。當時我正好在秘書組，我一去，他遮遮掩掩的不讓人看，好奇之下問他：「朱先生，你在印什麼？」他說：「朱老頭的檔案。」他們稱朱院長為朱老頭。朱受頤先生因為過去職業上的關係，保密工夫極佳，我雖然想看他到底在印什麼東西，也不便輕易開口，以免使他允拒兩難。有一次，看他在印蔡元培院長的檔案，我找個藉口說：「朱先生，你知道我是研究蔡元培先生的，與蔡院長有關的資料可否跟你要一份？」「那沒問題。」他就印了幾封信件給我。

朱受頤先生單身未婚，退休後不久，於1986年1月17日中風，過世後由其乾兒子的父親來整理其辦公室的遺物，因其教育程度不高，不曉得資料的重要性。我看到朱先生印的檔案中有一部分還沒有送走，我說：「別的你拿走，這些檔案你沒有用，留下吧。」其中的「韓國獨立運動史料」，是已編好順序的完整資料。我便送給張玉法所長，向他說：「這是本所朱院長檔案中沒有而較完整的資料，你

跟方志懋先生商量一下，應該可以出版。」方志懋先生是朱院長的秘書，朱院長家人丁單薄，檔案移送本所時，他是負責處理的人之一；他的夫人楊澍女士是張所長和我中學的同學，所以方先生立表同意。復徵得朱國勳先生同意，後來這份資料請王聿均先生編輯，於1988年由本所出版。

胡適院長檔案

　　胡院長檔案除早期留在大陸的檔卷現存於北京社科院近史所外，晚年來台後檔案全集中在胡適紀念館裡，留在美國的部分檔案，也由紀念館陸續要了回來。我在秘書組工作，並不管紀念館的事務，但紀念館主任王志維先生跟我對門而居，碰到館裡有解決不了的問題，便找我協助處理。所以也參與了一些紀念館的工作。

　　紀念館管理委員會主委高去尋院士因年事已高，不勝繁劇，於1986年8月請辭獲准。吳院長問我由誰接合適？我說容考慮好後再報告，即跟張玉法所長商量，結論是：「本所前所長呂實強先生是最適合的人選，如由呂先生接任，以後紀念館與近史所的關係將逐漸密切，近史所同仁利用紀念館的資料也更為方便。」經徵得呂先生首肯後，便建議吳院長致聘，於9月23日交接。

　　1993年7月，王志維先生移民美國，以健康關係，不克再兼理館務，辭去主任職務。呂主任委員囑由我接充。當初是張玉法所長和我合力勸呂先生接下主任委員的重擔，現在他要我去協助他，自不便推辭。經報請吳院長核聘後，於八月一日接任，至今也六年多了。

我在秘書組時便常常想，紀念館存在的意義是什麼？總不應只是消極的展示一些胡先生用過的衣物或手稿，供小學生或學人走馬觀花的看看；真正的意義，應積極的把胡先生未發表的手稿印出來，讓所有的學人可以利用、研究，於是將淺見簽報吳院長。吳院長對我這個觀念頗表贊同，可是他說：「整理胡先生的檔案，既沒有人，也沒有錢，如何進行？」我說：「辦法是人想出來的」。便向張玉法所長求救，可否從五年計劃尚未進用的名額中彈性撥出兩個，協助紀念館整理資料；此於所方並無損失，且名額不夠還可再向院方爭取。當時五年計劃實施未久，各所名額相當寬鬆。張所長表示支持。當呈報吳院長核可後，將此案於1987年5月23日提至第十三屆評議會第一次會議討論，沒想到開會時史語所有異議，主張將兩位編輯人員用他所裡的員額。我雖反對，但不便堅持，為息事寧人，就跟吳院長建議，這樣爭議不能解決問題，誰出員額均無不可，不如兩所各出一名額好了。吳院長即照此裁決。以後史語所進用趙潤海先生，近史所進用萬麗鵑小姐。這是在評議會中妥協的結果。沒想到趙先生和萬小姐現在都正式成為近史所的一員。

　　在紀念館中所珍藏的胡院長資料中，最受人注目的便是他的日記。該日記係王志維先生奉胡夫人之命、瞞著胡院長用相機拍的，洗了一套3*5的小照片，向不示人。王先生與我談了很多次這批日記無意中自美運來台灣及拍攝經過，我勸他設法印出來，供學人參考，不宜長期封存。王先生終於同意了，但仍要吳院長同意才行。於是我陪同吳院長到紀念館去看這些照片，吳院長嫌字太小，沒有辦法看。我請王先生派人到秘書組影印放大。他印了好幾份，吳院長分請毛子水、

陳雪屏兩位先生先檢查一遍，以免印出後出問題。這時我已離開了秘書組，回到所裡來。後來由遠流出版公司影印出版，編的很不理想，竟然連頁碼都沒有。

　　紀念館的根本問題是如何長久維持下去？這就牽涉到在制度上的定位問題。溯自1962年12月6日該年度第4次院務會議議決成立以來，既未正式納入本院編制，亦未建立財團法人，僅賴外人捐贈之少數基金利息與本院支助維持。由於物價逐漸增高，利息不斷降低，而本院之支助款項，又不能列入正式預算，終非長久之計。在吳院長主持院務時，曾多方設法謀求解決之道，以礙於法令規定，未能籌得良策。1993年12月9日紀念館管理委員會舉行第70次會議時，吳院長即將卸任，復指示努力做到改隸為本院一正式單位。1994年7月舉行第21次院士會議時，我正再度奉調兼任秘書組主任，特利用職務上的方便，委請人文組院士代為提案：「建議院方將胡適紀念館在制度上給予定位。有兩種可能方式，一是單獨編制，二是附屬在歷史語言研究所或近代史研究所之下。」決議是：「接受建議，院方將設法處理。」此後院方在研擬修改組織法時，仍因困難重重，未將紀念館納入正式編制。直到1997年10月，奉到院方指示，先由紀念館管理委員會根據院士會議的決議案提出具體可行之辦法，再報院供採擇實行。管理委員會於11月4日舉行第71次會議，經充分交換意見後，獲致兩點共識報院：「(1)建議李院長於本院組織法修法時，將本館納入編制。(2)在納入本院正式編制之前，建議暫時將本館隸屬於近代史研究所，並保留紀念館原來名義及體制。」院方於11月11日即據此召集各有關單位主管舉行「胡適紀念館在制度上定位問題」協調會，決議將紀念館隸

屬於近史所，惟原「管理委員會」則改為「指導委員會」。近史所於
1997年11月27日舉行該學年度第五次所務會議，決議：「通過納入
本所編制」。再提報12月18日所舉行之該年第六次院務會議討論，決
議：「通過」。1998年1月19日，在近史所檔案館舉行交接儀式及茶
會。至是，我跟呂實強先生、張玉法先生三個人默默耕耘了十年的心
願，終於達成。

蔡元培院長檔案

　　蔡元培院長的檔案，均留在大陸，現存放在其上海華山路303巷
16號故居者有數十箱，南京中國第二檔案館所藏本院1927至1949年
檔案中，亦有蔡院長專檔。其故居的檔案我於1988年11月去看過，那
麼多箱子堆在一起，沒有專人整理，也沒有辦法閱覽；有無遭蟲蛀也
不知曉。蔡院長的公子懷新先生為復旦大學物理系教授，女公子睟盎
女士為社科院計算中心主任，就住在那裡，他們雖對父親的檔案有興
趣，但沒有時間整理，要整理或上架空間都不夠大；人力、財力和空
間都是問題。我也到其老家紹興的故居參觀過，現已改成紀念館，也
保存了一些文物。

　　蒐集蔡院長資料最有貢獻的是天津南開大學高平叔教授，他幾
乎跑遍了大陸上所有藏有蔡院長檔案的機構，編印《蔡元培全集》七
冊，最後之第八冊，原為蔡院長的日記，已徵得家屬同意，並已排
版，仍因故未能出版。可見徵集史料之不易。後來高教授再主編《蔡
元培文集》時，才將日記收進去，由台灣錦繡文化出版社印行。在高

教授主編上述兩書時，我均曾提供了一些我蒐集到的資料而為他所缺的，所以在編《蔡元培文集》時，給我掛了一個副主編的名義，這是我多年來從事蒐集蔡院長有關史料的一點成績。

吳大猷院長檔案

　　本院前五位院長，依次為：第一任蔡元培院長（任期為1928年4月至1940年3月）、第二任朱家驊院長（1940年9月至1957年10月）、第三任胡適院長（1957年12月至1962年2月）、第四任王世杰院長（1962年5月至1970年4月）、第五任錢思亮院長（1970年5月至1983年9月）。其有關檔案的事情，大致如上述。院史室徵集來的數量並不多；其中錢院長的史料比較單純，不像王院長曾參與政治、外交等之機密決策，雖然一些有價值的文件沒能取得，但能印行其日記也算是一大收穫。院史室目前沒有第六任吳大猷院長的檔案。吳院長因在海外工作多年，擔任院長只有十年的時間，對於院務只是總持大體，不過問細節，無為而治，也不大看公事，故與院方有關的檔案實在不多；但與台灣科技的發展，則關係十分密切，而這部分資料已由他自己陸續為文發表了。

　　吳院長的生活起居由其秘書董來志先生照顧。董先生是山東人，原在國家科學發展指導委員會擔任「人二室」的工作，科導會結束，吳院長仍聘其為秘書。我與董先生是山東同鄉，吳院長住院時，常跟他在醫院碰面。我曾跟他說：「院長的檔案，請妥為保管，不要散掉，若歸道山後，可送院裡珍藏、整理。」他答應儘量幫忙。但沒想到董秘書已於1998年4月病逝。現在經常去探視吳院長的是聯合報的

王震邦先生，兩人可以說是忘年交。王先生跟吳院長家人也熟識。我跟他說：「吳院長所藏值錢的字畫，自應由其家人保管；但檔案最好送近史所保管整理，你是學歷史的人，這點不需要多講。」將來能否做到不曉得。這是我與六任院長檔案的一些關係。

因緣際會集檔案

　　檔案的徵集有時端賴機緣，刻意去求也不一定求得到。近史所的個人檔案很多是由不同的管道徵集來的。如「湘潭袁氏三代家藏名人手書」，陳三井所長獲知這批文件後，基於我對民國人物的史料有興趣和研究，便於1997年5月19日找我陪他到袁孝俊先生處去了解。我一看這是寶貝啊！送給近史所當然再好不過了！袁家湖南人，我內人亦湖南人，因此也了解一些湖南人的脾氣，所以相談甚歡。後來此批書信編目後，送到所裡，請對編輯名人函札頗具經驗的王爾敏先生編注。在整編的過程中，王先生常將編的方式及進度等，讓我轉告袁孝儒和袁孝俊賢昆仲，無形中我又變成了居間聯絡人。

　　袁家的書信是珍藏三代的傳家之寶，尤其書法，可視為極好的藝術品，袁家三兄弟商量後，不要分文，即贈送近史所整理，在功利之風日盛之際，實為難能可貴。

　　又如臺靜農先生的書法，據說一字萬金，他所收藏的一幅蔡元培院長的字，是以自己四（或為40，已記不清楚）幅字換來的。有一位在大陸上以研究魯迅聞名的陳漱渝先生，應邀來台訪問，特去看臺先生，回大陸後為文報導，說在臺家看到所藏蔡元培先生的墨寶。蔡先

生的公子懷新先生看到這篇文章，問我是否能至臺公館代拍一張照片？我大學一年級是中文系，時系主任為臺靜農先生，我是中文系的逃兵，與臺先生不熟，但可託人幫忙此事。後來一想，何必託人？即於1990年7月9日直接寫信給臺先生，說明：蔡先生的後人希望要一張墨寶照片，敬請惠允。當時臺先生已病重，我並不知道，由他的一個學生回信給我，並附了一張臺先生在那幅字前的照片。信中又說臺先生有意物歸原主，如果蔡先生的公子打個收據，便無條件送給他。這實在令人感動！我就趕快寫信告訴蔡懷新先生，請他趕快寫張收據寄來，以便我拿去領字。偏偏這封信又特別慢，而臺先生的病愈來愈重，臺先生的公子說：「蔡家既沒有回信，這幅字就留給我們作為紀念吧！」臺先生因患食道癌（或喉癌），講話困難，但仍示意：「不可以！我已經答應送蔡家，你們不能留下。」那麼託誰來催辦這件事呢？他們問到史語所的莊申慶先生：「你認不認識陶英惠？」「熟啊！我們還打過麻將呢！（其實我和他只在劉鳳翰先生家打過一次麻將，沒想到這一次麻將會，竟幫了我一個大忙。）什麼事？」莊先生獲知原委後，要我先替蔡懷新先生寫張收據。我馬上寫好交給莊申慶先生，由他拿到臺先生家，即把墨寶帶回來。多麼值錢的東西，就這麼輕易取得了。

　　墨寶拿到了，但我在短時間內又不去上海，放在我這兒，真怕會丟掉。1992年4月29日，適逢上海社科院歷史所的湯志鈞教授到本所演講，不久就要回去，我問他說：「你認不認識蔡元培先生的公子蔡懷新？」他答：「認識啊！」「你行李多不多？」「不多，沒什麼行李。」我便請他幫忙把蔡先生的墨寶帶回上海，送到蔡家，完成了一

件愉快的工作。臺先生自己高價換來的蔡先生墨寶,在病重之際,蔡家後人只希望要一張照片,而他老人家不僅先送照片,並且一句話就原璧歸趙。在世風澆薄的今天,這種事太少見了。

　　我因工作之便,替所裡徵集到一些檔案;若不奉調總辦事處,這些工作或者都與我無關。1987年11月16日,我奉命兼管近史所新設立之院史資料室事務,至1999年3月25日交卸,計約十一年半。現將院史室檔案的來龍去脈作一簡述,讓以後使用的人,知道這些檔案是如何徵集來的;更重要的是藉此聊表對捐贈者感激之意,也讓他們的美意得以長存。

1999年6月4日下午訪談於陶英惠研究室

（原載：中央研究院近代史研究所編印：《近代中國史研究通訊》第29期,PP.92-101。2000年3月出版。）

世紀映像叢書

國家圖書館出版品預行編目

典型在夙昔：追懷中央研究院六位已故院長 / 陶英惠著.
-- 一版. -- 臺北市：秀威資訊科技，2007.10
　　冊；　公分. -- (史地傳記；PC0032)
　　ISBN 978-986-6732-23-2 (上冊：平裝)
　　ISBN 978-986-6732-28-7 (下冊：平裝)

1.蔡元培　2.朱家驊　3.胡適　4.王世杰　5.錢思亮
6.吳大猷　7.傳記

783.31　　　　　　　　　　　　　　　96019759

史地傳記　PC0032

典型在夙昔—追懷中央研究院六位已故院長(下)

作　　　者 / 陶英惠
主　　　編 / 蔡登山
發 行 人 / 宋政坤
執行編輯 / 賴敬暉
圖文排版 / 陳湘陵
封面設計 / 莊芯媚
數位轉譯 / 徐真玉、沈裕閔
圖書銷售 / 林怡君
法律顧問 / 毛國樑　律師
出版印製 / 秀威資訊科技股份有限公司
　　　　　　台北市內湖區瑞光路583巷25號1樓
　　　　　　電話：02-2657-9211　傳真：02-2657-9106
　　　　　　E-mail：service@showwe.com.tw
經 銷 商 / 紅螞蟻圖書有限公司
　　　　　　台北市內湖區舊宗路二段121巷28、32號4樓
　　　　　　電話：02-2795-3656　傳真：02-2795-4100
　　　　　　http://www.e-redant.com

2007 年 11 月　BOD 二版
定價：230 元

讀 者 回 函 卡

感謝您購買本書，為提升服務品質，煩請填寫以下問卷，收到您的寶貴意見後，我們會仔細收藏記錄並回贈紀念品，謝謝！

1. 您購買的書名：_____

2. 您從何得知本書的消息？

　　□網路書店　□部落格　□資料庫搜尋　□書訊　□電子報　□書店

　　□平面媒體　□ 朋友推薦　□網站推薦 □其他_____

3. 您對本書的評價：(請填代號　1.非常滿意 2.滿意 3.尚可 4.再改進)

　　封面設計____　版面編排____　內容____　文/譯筆____　價格____

4. 讀完書後您覺得：

　　□很有收獲　□有收獲　□收獲不多　□沒收獲

5. 您會推薦本書給朋友嗎？

　　□會　□不會，為什麼？_____

6. 其他寶貴的意見：_____

_____

_____

_____

讀者基本資料

姓名：_____　年齡：_____　性別：□女 □男

聯絡電話：_____　E-mail：_____

地址：_____

學歷：□高中(含)以下　　□高中　　□專科學校　　□大學

　　　□研究所(含)以上 □其他_____

職業：□製造業 □金融業 □資訊業 □軍警 □傳播業 □自由業

　　　□服務業 □公務員 □教職　□學生 □其他_____

(請沿線對摺寄回,謝謝!)

秀威與 BOD

BOD（Books On Demand）是數位出版的大趨勢，秀威資訊率先運用 POD 數位印刷設備來生產書籍，並提供作者全程數位出版服務，致使書籍產銷零庫存，知識傳承不絕版，目前已開闢以下書系：

一、BOD 學術著作—專業論述的閱讀延伸
二、BOD 個人著作—分享生命的心路歷程
三、BOD 旅遊著作—個人深度旅遊文學創作
四、BOD 大陸學者—大陸專業學者學術出版
五、POD 獨家經銷—數位產製的代發行書籍

BOD 秀威網路書店：www.showwe.com.tw
政府出版品網路書店：www.govbooks.com.tw

永不絕版的故事‧自己寫‧永不休止的音符‧自己唱